한국형
프레젠테이션의
완성

**한국형 프레젠테이션의 완성**

초판 1쇄 발행 2010년 12월 4일
초판 2쇄 발행 2013년 3월 4일

지은이 하영목 · 최은석  펴낸이 이지은  펴낸곳 팜파스
책임편집 용진영  교정교열 김수현  디자인 최설란  마케팅 정우룡
인쇄 (주)미광원색사

출판등록 2002년 12월 30일 제10-2536호
주소 서울시 마포구 서교동 404-26 팜파스빌딩 2층
대표전화 02-335-3681  팩스 02-335-3743
홈페이지 www.pampasbook.com | blog.naver.com/pampasbook
이메일 pampas@pampasbook.com

값 14,000원
ISBN 978-89-93195-53-8  13320

ⓒ 하영목 · 최은석, 2010

- 이 책의 일부 내용을 인용하거나 발췌하려면 반드시 저작권자의 동의를 얻어야 합니다.
- 잘못된 책은 바꿔 드립니다.

# 한국형 프레젠테이션의 완성

하영목·최은석 지음

팜파스

들어가는 말_

"만약 신이 내게서 모든 것을 빼앗아가면서 단 한 가지만 가지라 한다면 나는 '말하는 능력'을 택하겠다. 왜냐하면 이것만 있으면 다른 모든 것을 되찾을 수 있기 때문이다."

19세기 미국의 정치가이자 언론인이었던 다니엘 웹스터가 한 말이다. 말하는 능력이 모든 능력의 핵심이란 것이다.

버락 오바마에게 이런 일이 일어났다고 상상해보자. 대중을 압도하는 말하기 능력을 2004년 민주당전당대회 직전에 갑자기 상실했다고 말이다. 그랬다면 오바마는 주목받지 못하고 지방의 정치무대를 맴돌다 사라진 한낱 정치신인에 불과했을지 모른다. 그리고 미국의 운명도 달라졌을 것이다.

만약 스티브 잡스가 청중을 매료시키는 프레젠테이션을 할 수 없게 실어증에 걸렸다고 하자. 그와 애플은 어떻게 되었을까? 자신이 설립했던 애플에서 쫓겨났다가, 11년 만에 돌아와서 애플을 글로벌 넘버원 IT기업으로 부활시킨 드라마보다 더 드라마틱한 역전극이 가능했을까? 아마 IT의 역사도 달라졌을 것이다.

또, 배우 김명민이 갑작스런 성대결절로 깊이 있고 울림 있는 목소리 연기를 못하게 됐다고 가정해보자. 그가 출연한 드라마가 시청률 1위를 기록할 수 있었을까? 연령대와 남녀를 초월해서 사랑받는 지금의 배우 김명민이 존재했을리 만무하다.

　프레젠테이션, 스피치, 발표, 스토리텔링… 그 어떤 용어로 불러도 좋다. 이름이 무엇이든 이 원초적인 능력의 본질은 바로 이 책에서 다루는 '말솜씨' 다. 이것 없이 성공하는 사람도 간혹 있기는 하지만, 만약 그들에게 이것이 함께했다면 더욱 대성했을 것이라는 사실은 자명하다. 회사원이든 기업가든 학생이든 교수든 정치인이든 공무원이든 직업의 종류와 지위의 고하를 막론하고 같은 원칙이 적용된다.

　이 책의 독자도 예외일 수 없다. 말은 우리가 성공의 고지를 향해 타고 달려야 할 말馬이기 때문이다. 경주마는 바꾸어 탈 수 있지만, 말은 어떤 대가와도 바꿀 수 없다.

　이 책은 성공적인 프레젠테이션의 본질에 관한 책이다. 그렇다고 다른 부분을 무시한 것은 아니다. 더욱 핵심적인 내용을 담고자 했다. 프레젠테이션의 본질에 충실한 이 책은 경험 많은 프레젠터뿐만 아니라, 카리스마 넘치는 프레젠테이션에 도전하며 깊이 고민해본 경험이 있는 누구에게나 가슴에 와 닿을 것이다.

　이 책은 4개의 장으로 구성된다. 1장에서는, 콘텐츠를 기획하는 방법을 다룬다. 이 부분은 다른 책에서는 다루지 않거나 소홀히 하는 부분이다. 『프레젠테이션의 정석』이하 '정석'에서도 그랬기에 여기서 더 많은 지면을 할애했다.

2장에서는, 설득력 있는 메시지 전개방법을 다룬다. 메시지 전개는 '정석'에서 '구조화'라는 이름으로 다루어졌다. 인간의 인지체계에 잘 먹히는 구조적 전개법은 따로 있다. 이것을 소화해서 응용한다면, 어디서 무슨 말을 하든 매우 논리적이고 깊이가 있다는 평가를 받을 것이다.

3장에서는, 열정적인 전달방법을 다룬다. 전달방법의 상대적인 중요도는 셋 중에서 가장 낮다고 할 수 있다. 왜냐하면 초보단계의 전달방법에는 정답이라는 것이 있을 수 있지만, 일정 수준에 달한 다음에는 자신만의 스타일을 스스로 개발해야 하기 때문이다. 마치 바둑에 입문하려면 정석을 익혀야 하지만 프로가 되려면 정석을 잊어야 하는 것과 같은 이치다.

4장에서는, 한국인들이 가장 취약한 부분인 목소리 변화를 다룬다. 목소리의 고저강약 변화만 제대로 살려도 죽을 프레젠테이션이 살아난다. 이 부분을 제대로 훈련해야 아마추어의 딱지를 떼고 진정한 프로로 등극할 수 있다.

이 책의 각 장과 꼭지에는 실습과제가 들어있다. 프레젠테이션이야말로 이론학습으로 끝나서는 안 되기 때문이다. 한 편의 프레젠테이션을 준비한다고 가정하고 16단계 과제를 충실히 따라가다 보면 자신도 모르게 실력이 붙게 될 것이다. 이 책은 대학에서 한 학기 또는 두 학기의 교재로도 사용이 가능하다.

『한국형 프레젠테이션의 완성』은 전작 『프레젠테이션의 정석』과 상호보완적인 작용을 하지만, 반드시 '정석' 을 학습한 사람만 읽어야 할 책은 아니다. 처음부터 이 책을 읽으면 헛된 과녁을 향해 시위를 당기는 낭비를 줄일 수 있다. 특히 '정석' 을 학습한 사람이 읽으면 단숨에 전문가 수준으로 도약할 내공을 쌓을 수 있을 것이다.

저자 대표 하영목

# Contents

들어가는 말 • 4

## 서장 왜 한국형 프레젠테이션인가
한국형 프레젠테이션이란 무엇인가 • 16
한국형 프레젠테이션 모델 • 19

## 1장 사람의 마음을 움직이는 콘텐츠 기획
**Differentiated Contents**

치열한 경쟁에서 먼저 1승을 거두기 위해서는 참신하고 창조적이며 경쟁자에 비해 확연히 차별화된 내용을 기획해야 한다. 그렇다면 내용부터 차별화하는 방법은 무엇인가?

### 1. 차별화 Differentiation • 24
파란 사과 더미 꼭대기의 빨간 사과가 되라 • 26
무엇을 차별화할 것인가 • 28
왜 콘텐츠로 승부해야 하나 • 30
진정한 차별화의 3가지 조건 • 32
어떻게 어필해야 확실히 차별화되는가 • 34
Step 1 나의 차별화 포인트 찾기 • 37

### 2. 단순화 Simplification • 38
정보의 홍수에 빠진 고객을 구하라 • 40
메시지에 단순미를 더하는 3가지 방법 • 43
단순화를 완성하는 5가지 방법 • 46
Step 2 메시지 내용 단순화시키기 • 49

### 3. 창조성 Creativity · 50
창조적 프레젠테이션을 방해하는 3가지 함정 · 52
창조적 솔루션을 끌어내는 법 · 55
닌텐도의 사례에서 본 창조 DNA · 58
애플의 사례에서 찾은 창조 DNA · 60
Step 3 나의 창조 DNA 찾기 · 63

### 4. 대비효과 Contrast · 64
어두움이 짙을수록 빛은 강렬하다 · 66
옛것과 새것을 눈앞에 보여줘라 · 68
씨 뿌릴 것과 수확할 것을 대비시켜라 · 70
Step 4 메시지의 대비효과 살리기 · 73

**Case study** 스티브잡스의 프레젠테이션 사례 분석 · 74

## 2장 설득력 있는 메시지 전개 구조
### Differentiated Structure

물은 어떤 그릇에나 담길 수 있지만 좋은 잔에 담길 때 청량감이 더해진다. 그처럼 메시지도 특정한 구조를 가질 때 설득력이 살아난다. 어떤 전개 구조가 설득력 있는 구조인가.

### 5. 논리 Logic · 78
어떻게 해야 설득력이 높아지는가 · 80
결론은 반드시 필요한가 · 82
성급한 사람에게 통하는 논리 · 84
깐깐한 사람에게 통하는 논리 · 87
복합적인 그룹에 통하는 논리 · 89
Step 5 논리적으로 구조화하기 · 91

## 6. 흐름 Flow · 92
자연스러운 연결의 5가지 형태 · 94
깊은 물은 조용히 흐른다 · 96
흐름을 만들어주는 연결어구 · 97
타당성을 높여주는 연결어구 · 100
Step 6 나만의 연결어구 선정하기 · 102

## 7. 논거 Proof · 104
설득을 완성하는 최후의 보루, 논거와 증거 · 106
의견이 아닌 사실fact로 말하라 · 108
주장이 아닌 자명한 증거로 말하라 · 111
설득력을 지닌 논거를 활용하라 · 113
Step 7 설득력 있는 논거를 찾고 평가하기 · 115

## 8. 화법 Narrative · 116
성공한 드라마에는 뭔가 특별한 것이 있다 · 118
기호학에 기초한 스토리텔링 기법 · 121
사람의 마음을 사는 화법 · 123
Step 8 성공하는 내러티브 다듬기 · 126

**Case study** POSST™ 모델과 프레젠테이션 기획 · 127

## 3장 고객을 몰입시키는 전달 기술
### Differentiated Delivery

엄선된 재료와 최고의 레시피만으로 요리가 되지는 않는다. 조리하는 과정이 반드시 있어야 한다. 같은 이치로 차별화된 내용도 전달력 없이는 결코 성공하지 못한다.

### 9. 열정 Passion · 132
논리만으로 속마음을 움직일 수 없다면… · 134
열정의 분화구, 목소리 · 136
열정을 쏘는 레이저빔, 눈빛 · 138
사진으로 보는 카리스마 제스처 · 140
역동성을 보여주는 공간 활용 전략 · 156
타고난 열정이 없다면? · 164
Step 9 나의 열정 온도 측정하기 · 167

### 10. 흡인력 Attraction · 168
청중을 끌어들이는 최고의 방법 · 170
눈이 아닌 얼굴을 맞춰라 · 174
청중의 학습스타일을 알면 대책이 보인다 · 177
청중의 니즈, 역질문으로 해소하라 · 179
Step 10 흡인력 기르기 · 183

### 11. 파워포인트 Powerpoint · 184
왜 이래? 아마추어처럼 · 186
매너 버튼, B 버튼을 적극 활용하라 · 190
시간은 없는데 남은 슬라이드가 많다면 · 193
Power와 Point를 모두 살리는 슬라이드 구도 · 196
이미지 활용 강박증, 혹시 나도? · 198
거부하기 힘든 유혹, 애니메이션 효과의 오해와 진실 · 200
돋보이고 싶다면 도리어 절제하라 · 202
아날로그와 디지털의 조화가 명작을 만든다 · 204
Step 11 비주얼 자료 활용 전략 점검 · 207

**Case study** 오바마 대통령의 전달능력 분석 · 208

## 4장 한국형 프레젠테이션의 완성, 목소리
### Differentiated Voice

목소리 훈련은 한국형 프레젠테이션을 완성하는 마지막 관문이다. 내용과 구조, 전달력에서 모두 차별화가 되었다 하더라도, 목소리의 변화는 완성도와 카리스마를 높여주는 화룡점정에 해당한다.

### 12. 높낮이 변화 Modulation • 212
한국인은 왜 '책 읽듯' 말하는가 • 214
지루한 모노톤에 변화를 주는 법 • 216
원래 목소리가 작은데 어떻하죠? • 220
낮지만 강한 목소리의 힘 • 222
깊고 묵직한 소리를 연출하는 법 • 223
Step 12 울림 있는 목소리 만들기 • 225

### 13. 완급의 변화 Pace • 226
말의 속도가 가진 두 얼굴 • 228
말에서도 자기다운 것이 가장 좋은 것! • 230
내 이미지에 맞는 말의 속도를 찾아라 • 232
Step 13 내게 맞는 말의 속도 찾기 • 234

### 14. 장단의 변화 Vowel variety • 236
작은 차이가 만들어 낸 큰 차이 • 238
'ㅏ' 하나로 달라지는 확연한 느낌 차이 • 241
스타카토식 발음법 vs 레가토식 발음법 • 242
Step 14 장단에 변화 주기 • 245

## 15. 포즈의 변화 Pause · 246
청중을 사로잡는 잠깐의 침묵 · 248
포즈의 길이에도 정답이 있다 · 249
포즈를 사용할 때의 눈맞춤 공식 · 251
Step 15 포즈 활용하기 · 253

## 16. 감정 싣기 Emotion · 254
나도 매력 있는 목소리를 가질 수 있다 · 256
없으면 아쉽고, 넘치면 탈나는 비음 개선법 · 258
Step 16 매력 있는 목소리 만들기 · 260

**Case study** 김명민의 목소리 변화와 연기력 분석 · 261

맺는말 · 264
주 · 268
찾아보기 · 278

# 서장.
# 왜 한국형
# 프레젠테이션인가

# Presentation model
# for Koreans

외국 것이면 무조건 최고로 치며 배우던 시대는 지났다. 이제는 가장 한국적인 것으로 세계와 겨루어야 할 때다. 프레젠테이션도 마찬가지다.

Presentation model for Koreans

# 한국형 프레젠테이션이란 무엇인가

미국인은 아주 편하게 프레젠테이션하는 특성을 가지고 있다. 그들은 격식을 거의 따지지 않는다. 딱딱한 비즈니스 용어 대신 운동경기 용어도 잘 사용한다. 특히 프레젠테이션 시작 부분에서는 절대 심각한 분위기를 만들지 않는다. 미국인뿐 아니라 서양 문화권에서 자란 대부분의 사람들은 프레젠테이션할 때 긴장하지 않기 때문에 준비가 부족해도 겉으로 표가 나지 않는다.

반면 일본인은 지나칠 정도로 격식을 갖추려 한다. 그래서 분위기가 딱딱해지기 쉬운데 시작 부분에서는 더 심하다. '일본인은 대체로 프레젠테이션에서 에너지가 부족하다'고 서양인은 평가한다. 상대적으로 에너지가 강한 자신들과 비교하기 때문이다. 그렇다면 한국인은 어떠한 특성을 가지고 있는가?

### 현장에서 보고 듣고 느낀 한국형 프레젠테이션

'한국형 프레젠테이션'이라는 말은 어느 문헌에도 나오지 않는다. 학문적으로 누구의 이론도 참고할 수 없었다. 이는 순전히 내 자신의 경험을 토대로 분석한 것임을 밝힌다. 그렇다면 나는 그러한 이론을 경험적으로 도출할 자격이 있는가?

운 좋게도 나는 30년의 커리어를 많은 기회 속에서 살았다. POSCO와 Coca-Cola 등 국내외 대기업에 근무하면서 남들에게 돋보이는 프레젠테이션들을 많이 기획해봤다. 발표자와 기획자가 따로 있던 시절, 나는 많은 프로젝트에서 '기획통'으로 불렸다. 내가 창설 멤버로 참여한 포항공대 설립 프로젝트가 좋은 예다.

국내외 수많은 경쟁 프레젠테이션에 참여해 프레젠테이션한 경험도 많다. 그런 실전 프레젠테이션에서 내가 경쟁자나 경쟁기업에 밀린 적은 거의 없었다. 그 후 지금까지 기업체를 대상으로 프레젠테이션 훈련과정을 운영하고, 아주대학교에서 프레젠테이션을 3학점짜리 정규교과목으로 가르치면서 나는 강의평가에서도 항상 좋은 점수를 받아왔다. 이러한 내 경험에 의하면 '한국형 프레젠테이션'은 분명 존재한다.

프레젠테이션에서 보이는 한국인의 특성은 대부분 한국어와 한국문화의 특성에서 비롯된다. 프레젠터로서 한국인이 보이는 강점과 약점을 분석, 정리하면 다음과 같다. 절대적인 기준은 존재할 수 없으므로, 어디까지나 서양인과 비교분석한 상대적인 강약점임을 밝혀둔다.

### 프레젠테이션에서 한국인들이 보이는 강점
- 프레젠테이션을 한 장으로 압축한 개념도를 잘 만든다. 서양인에 비해 개념적 사고에 능하기 때문이다.

- 슬라이드를 그래픽으로 잘 꾸민다. 대부분 발표자가 아니라 컴퓨터를 잘 다루는 사람이 슬라이드를 대신 만들어주기 때문이다. 외국인들은 거의 자신이 발표할 내용을 자신이 직접 만든다. 그래서 단순한 텍스트 위주가 많다. 이런 점에서 보면 슬라이드 꾸미기는 우리의 강점이자 약점이다.
- 간결한 표현을 잘한다. 함축적인 의미를 지닌 단어를 많이 쓰는 한자문화의 영향이다.

**프레젠테이션에서 한국인들의 약점**
- 문제의 본질을 놓친다. 비판적 사고의 훈련이 부족해서다.
- 핵심 쟁점을 집중 공략하지 않는다. 고맥락[1]의 언어와 문화의 영향이다.
- 형식에 얽매여 내용을 소홀히 하는 경우가 많다. 유교문화권의 영향인 듯하다.

이상을 종합해보면 한국인은 슬라이드를 잘 만드는 반면, 거기에 담을 내용은 잘 기획하지 못한다는 이야기가 된다. 외형이 본질에 우선한다면 이는 잘못된 현상이다. 건축에서 외형은 기능을 따라가야 하듯[2], 프레젠테이션에서도 형식이 본질을 지배해서는 안 된다. 내용에 충실하도록 형식을 고쳐야 마땅하다.

Presentation model for Koreans
# 한국형 프레젠테이션 모델

한국인에게 잘 맞는 프레젠테이션은 어떤 모습일까? 서양적인 것을 모방한 것일까?

결론부터 말하자면 한국형 프레젠테이션 모델의 핵심은 '내용의 기획'에 승부를 거는 것이다. 내향적인 한국인이 어느 민족보다 잘할 수 있는 부분인데다, 구조나 전달력, 목소리보다는 조금만 노력해도 상대적으로 경쟁력을 가질 수 있는 부분이기 때문이다.❸

위에 내용의 기획❹이란 말을 썼는데, 프레젠테이션 기획은 서류 작업으로 끝나는 대부분의 기획보다 어렵다. 어떤 기획이든 마지막에 프레젠테이션으로 이어지지 않는 것은 중요한 기획이라고 볼 수 없다. 기안에 가깝다.

### '내용의 차별화'가 가장 중요하다

다음의 한국형 프레젠테이션 모델™ 개념도를 보면 역삼각형의 중심에 ① 차별화된 내용이 있다. 그 주변에는 ② 구조화, ③ 전달력, ④ 목소리 변화가 받치고 있다.

결국 한국형 프레젠테이션의 핵심은 차별화된 내용contents이라는 바탕 위에서 구조structure와 전달력delivery, 목소리voice가 조화를

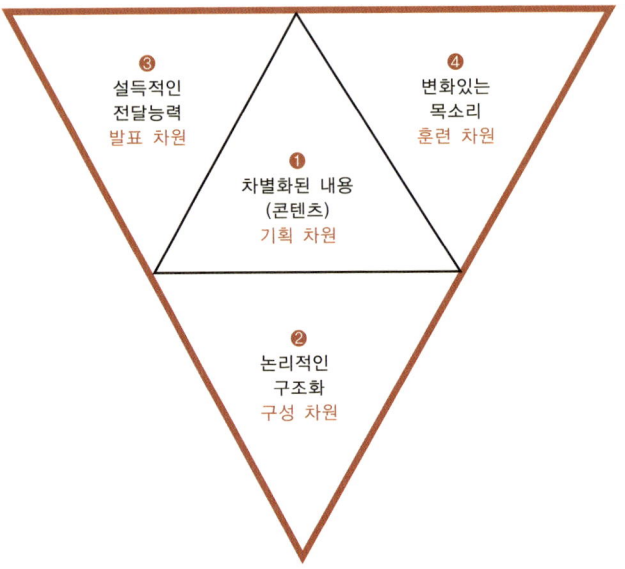

한국형 프레젠테이션 모델™은 내용콘텐츠❺을 중심으로 겉으로 드러나는 구조화, 전달력, 목소리 변화로 완성된다.

이루는 것이다.

　삼각형의 모양도 주목할 필요가 있다. 내용만 '바른 삼각형'이고 나머지는 역삼각형인 이유가 뭘까? 그것은 내용이 중심이자 안정시키는 앵커anchor와 같은 역할을 하고, 나머지는 내용의 전달력을 높이기 위해 강한 임팩트❻를 주어야 하기 때문이다.

### 한국형 프레젠테이션 모델에 충실해야 하는 이유

　한국형 프레젠테이션 모델에 충실하다는 것은 결국 어떤 의미를 지니는 것일까? 왜 그렇게 해야 하는 것일까?

첫째, 기록성이다. 음악이 매회의 연주로 되살아나지만 음악은 악보로 기록되듯, 프레젠테이션도 기획된 내용으로 기록되기 때문이다. 프레젠터의 목소리나 제스처는 아무리 열정적이었다 하더라도 현장에서 즉시 휘발되어 사라져버린다. 마치 음악에서 소리처럼.

둘째, 가독성이다. 프레젠테이션의 내용은 현장에서 발표를 들은 사람에게만 영향을 끼치는 것이 아니다. 참여는 하지 않았지만 내용을 간접적으로 전달받는 사람도 중요하다. 때로는 전달받는 사람이 더 큰 결정권을 가질 수도 있다. 따라서 현장에 없었던 사람들도 고려하려면 내용이라는 '본질'에 충실해야 한다.

이제 한국형 프레젠테이션 모델의 4가지 구성요소에 대해 더욱 자세히 알아보자. 4개의 구성요소는 각각 한 개의 장chapter으로 구분했으며, 총 16개의 핵심단어로 설명한다.

# 1장.
# 사람의 마음을 움직이는 콘텐츠 기획

## Differentiated contents

치열한 경쟁에서 먼저 1승을 거두기 위해서는 참신하고 창조적이며 경쟁자에 비해 확연히 차별화된 내용을 기획해야 한다. 그렇다면 기획부터 차별화하는 방법은 무엇인가?

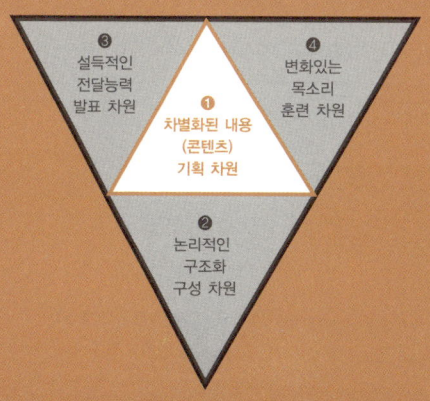

# 1

2

3

4

*Differentiation*

# Differentiation
# 차별화

프레젠테이션을 기획할 때 사람들은 자신의 프레젠테이션이 경쟁자에 비해서 설득력을 지니기를 원한다. 그것이 자신의 '포지셔닝 전략'이라면, 무엇을 어떻게 달리 해야 강한 설득력을 지니게 될까 하는 것은 '차별화 전략'이다.

## Differentiation 차별화
# 파란 사과 더미 꼭대기의
# 빨간 사과가 되라

빨간 사과가 가장 돋보이는 때는 언제일까? 하얀 접시에 놓여 있을 때일까? 은쟁반에 놓여 있을 때일까? 두 경우 모두 눈에 띄기는 하겠지만 붉은 사과가 가장 돋보이는 순간은 파란 사과 더미 꼭대기에 있을 때다. 왜 그럴까? 3가지 이유 때문이다.

첫째, 대조색인 파란색과의 대비 contrast 효과 때문이다.
둘째, 비교 대상이 같은 사과라서 비교 판단이 쉽기 때문이다.
셋째, 사과 더미의 꼭대기에 놓여 있기 때문이다.

이 원리를 이용하면 우리 생활에서 상품과 서비스, 브랜드가 언제 가장 돋보일지 쉽게 짐작할 수 있다.

우선, 경쟁자와 색깔이 달라야 한다. 색깔 차이가 뚜렷할수록 대비효과는 커진다. 눈길을 끌게 된다. 여기서 말하는 색깔은 시각적인 색깔만 뜻하지 않는다. 고유한 디자인, 브랜드 이미지, 브랜드와 연관된 스토리 등 가슴으로 느끼는 색깔까지 포함한다. 한마디로 개성character이 살아 있어야 한다는 뜻이다. 바야흐로 지금은 개성 시대가 아닌가.

다음으로, 경쟁자와 공존해야 한다. 경쟁자가 존재한다는 것은 나의 경쟁력에 오히려 도움이 된다. 나의 경쟁력이 유지되는 한 경쟁은 나를 성공자의 자만심에 빠지지 않게 한다. 나태한 나를 각성시켜 나와 경쟁자 모두를 발전시킨다. 경쟁자로 인해서 나의 경쟁력도 더욱 강해지는 것이다.

마지막으로, 경쟁자보다 우위에 있어야 한다. 어떤 시장이든 지금은 구매자와 유통업자가 시장을 주도한다. 고객의 기억창고 속에서 경쟁자보다 우위를 차지하지 못하는 제품은 선택받을 기회가 없다. 그러면 독점이나 과점이 가능한 공기업이나 공공서비스는 경쟁자가 없는가? 그렇지 않다. 적어도 일 년에 한번 이상 근무성적과 역량을 평가받고, 평가 서열에 따라 연봉과 인센티브가 결정되는 한, 함께 일하는 동료도 선의의 경쟁자다. '서열'에서 경쟁자에게 밀리지 않기 위해 자신을 차별화시켜야 한다.
　차별화[1]는 언제나, 누구에게나, 어떤 프레젠테이션을 할 때나 필요하다. 그리고 핵심은 '무엇을 차별화할 것인가'이다.

## Differentiation 차별화
# 무엇을 차별화할 것인가

성공한 프레젠테이션은 기술적으로 100점감이다. 그러나 실패한 프레젠테이션도 기술적으로는 100점감이다. 성공한 프레젠테이션이나 실패한 프레젠테이션 모두 기술적으로는 차이가 없다. 이 같은 분석은 경쟁 입찰 참가자들의 프레젠테이션을 수없이 심사하면서 얻은 결론이다.

여기서 말하는 '기술적'이라는 뜻은 슬라이드 디자인과 동영상, 그래픽 처리, 발표능력을 말한다. 어느 면으로 보나 우열을 가릴 수 없게 잘 만들어진 프레젠테이션이 결국 성공작과 실패작으로 갈라지는 이유는 무얼까? 그 해답을 엉뚱하게도 나는 생활 주변에서 찾았다.

외국인을 만날 때면 내가 잘 가는 식당이 있다. 신촌에 있는 이 식당은 매우 불편한 식당이다. 예약을 받지 않기 때문이다. 예약 문화에 익숙한 외국인에게는 더욱 불편한 곳이리라.

주변에는 예약 가능한 식당이 많다. 기다리지 않아도 바로 식사를 할 수 있는 곳도 즐비하다. 그럼에도 불구하고 나는 자주 이 식당 앞에 줄을 선다. 나만 줄을 서는 것이 아니다. 이 집에서 한 끼 식사를 하려는 사람은 기꺼이 줄을 선다. 점심시간이면 늘 예외가 없다. 어떤 힘이 왕처럼 귀한 고객을 줄세우는가?

대기실이 없어 길가에 줄을 서야 하는데도 불평 한마디 없게 만드는 힘은 분명 식당의 분위기 때문이 아니다. 겉에서부터 안까지 너무나 허름한 것이 이 식당의 특성이다. 그렇다면 서비스가 남다른가? 거동이 불편한 주인 할아버지가 하는 서빙은 젊은 사람이 앉아서 받기에는 그리 편하지 않다. 기다리는 사람이 많아 식사가 끝나기가 무섭게 일어서야 하는 것 역시 편한 것은 아니다. 수준 높은 서비스와도 역시 거리가 멀다면, 이 식당의 무슨 힘이 손님들에게 작용하는 것일까?

  그 비밀을 나는 안다. 귀한 손님을 줄 세우는 힘은 분위기나 서비스가 아니라 바로 '정직한 맛'이다.

  한 편의 프레젠테이션이 만약 요리라면 '정직한 맛'에 해당하는 것은 뭘까? 바로 '차별화된 내용'이다. 별미를 만들고자 한다면 바로 콘텐츠를 차별화해야 한다.

**Differentiation** 차별화

# 왜 콘텐츠로
# 승부해야 하나

왜 한국형 프레젠테이션 모델에서는 콘텐츠를 가장 중심에 두었을까? 거기에는 분명한 이유가 있다.

초기의 커뮤니케이션 연구자 중 한 사람이었던 메라비안은 커뮤니케이션에서 말의 내용은 불과 7%에 불과하고, 38%는 음색, 55%는 시각적인 언어로 전달된다❷고 했다. 이보다 앞서 비슷한 연구를 했던 버드위스텔은 내용의 중요성을 30%에서 35%❸ 정도로 봤는데, 이들 연구의 맥락을 알고 보면 분명 잘못된 연구는 아니다. 그런데 프레젠테이션에서 말의 내용은 중요하지 않다고 주장하기 위해 메라비안의 극단적인 연구결과를 인용하는 소위 전문가들을 보면 한심하기 그지없다. 이 연구의 배경과 맥락을 전혀 이해하지 못하고 있다는 결정적 증거이기 때문이다.

정보가 아닌 감정을 전달해야 하는 정서적 커뮤니케이션에서는 메라비안의 견해가 맞다. 사랑하는 사람이나 친구를 만났을 경우, 우리는 눈빛만 봐도 상대의 기분을 알아챈다. 그러나 정보 전달을 위한 비즈니스 프레젠테이션에서는 이야기가 달라진다. 비즈니스 프레젠테이션은 친구나 연인, 가족과 담소를 나누는 것이 목적이 아니라 정보를 전달해 설득시키는 것을 목적으로 하기 때문이다.

비즈니스 프레젠테이션에서 말의 내용이 7%에 그친다고 생각하고 준비한다면 실패는 이미 예약된 것이다. 내 경험에 의하면 적어도 70% 이상의 비중을 내용이 차지한다. 매우 전문적이거나 기술적인 내용의 경우에는 내용의 중요성이 90%까지 올라갈 수도 있다.

특히 정보의 격차가 적은 사람들끼리 하는 내부 프레젠테이션이나 보고의 경우에는 더욱 그렇다. 콘텐츠에서 승부수를 던져야 한다면, 차별화된 내용은 어떤 조건을 충족시켜야 할까? 차별화의 3가지 조건에 대해 알아보자.

| Differentiation | 차별화

# 진정한 차별화의 3가지 조건

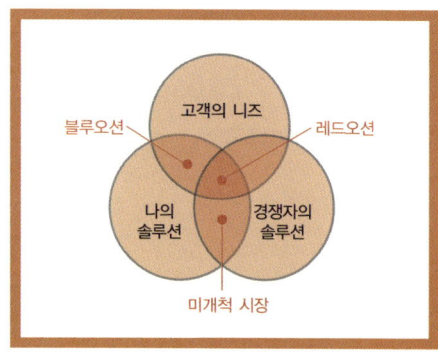

진정한 차별화의 조건: 고객의 니즈를 확실히 파악하고, 경쟁자와는 다른 솔루션을 제시할 수 있어야 진정한 차별화가 가능하다.

비슷비슷한 여건에 처해 있으면서 경쟁자를 따돌리고, 나만을 차별화시킨다는 것은 말처럼 쉽지 않다. 왜냐하면 다음의 조건 중에서 하나 이상을 충족시켜야 하는데, 그것이 매우 어렵기 때문이다.

❶ 경쟁자는 충족시킬 수 없는 고객의 니즈needs를 나는 충족시킬 수 있을 때
❷ 경쟁자도 충족시킬 수 있는 고객의 니즈를 고객에게 더 많은 혜택을 돌려주는 방법으로 내가 충족시킬 수 있을 때
❸ 경쟁자도 충족시킬 수 있는 고객의 니즈를 고객이 더 선호하는 방법으로 내가 충족시킬 수 있을 때

고객의 니즈를 나만이 충족시킬 수 있을 때 그곳은 블루오션 blue ocean❹이 된다. 고객의 니즈를 나도 충족시키지만 경쟁자도 나만큼 충족시킬 수 있다면 그곳은 레드오션 red ocean❺이 된다. 나도 경쟁자도 모두 잘할 수 있지만 고객의 니즈가 없는 곳은 미개척 시장이다. 먼저 그곳에 깃발을 꽂는 사람이 선점하게 된다.

예를 들면, 2004년부터 나는 면접분야에 특화된 컨설팅 프로젝트를 많이 수행해왔다. 당시만 하더라도 면접분야에 특화된 컨설팅을 하는 사람이 없었기 때문에 기회를 선점한 것이다. 그 결과 행정고시와 사법고시, 국가직 공무원 선발 면접 등 정부의 큼직큼직한 프로젝트 10여 건을 수행하게 되었고 전문성도 더 깊어졌다. 지금도 중요한 프로젝트는 돌고 돌아서 나에게 온다. 이 분야에서는 나만큼 전문성을 가진 사람이 없기 때문이다. 블루오션을 선점한다는 것은 이만큼 지속적인 효과를 보장받는 것이다.

차별화된 메시지가 기획되었다면, 어떻게 어필해야 고객의 마음을 열게 할 수 있는지 알아보자.

`Differentiation` 차별화

# 어떻게 어필해야 확실히 차별화되는가

빙산이 항해자에게 두려운 이유는 무엇일까? 눈에 보이는 부분보다 보이지 않는 부분이 더 크기 때문이다. 의사결정도 그렇다. 합리성이 아니라 정서적인 이유로 결정되기 때문에 예측하기 어렵다.

### 우선 고객의 진짜 속마음을 파악하라

이성적인 이유는 눈에 보인다. 객관적이다. 그러나 정서적인 이유나 감성적인 이유는 눈에 보이지 않는다. 고객의 가슴속에 들어가봐야 보인다. 눈에 보이지는 않지만, 고객의 거부에는 다음과 같은 망설임이 작용한다.

- 어떤 결정을 내려야 내가 '유능하다'는 평가를 받을까?
- 어떤 결정을 내려야 다음번 평가나 승진에서 경쟁자들보다 유리할까?
- 어떻게 해야 다음번 연봉 협상에서 내가 더 유리할까?
- 어떤 결정을 내려야 내가 상사의 눈 밖에 나지 않을까?
- 어떤 결정을 내려야 일이 잘못되더라도 나중에 내가 '바보

같은 결정을 내렸다'는 소리를 듣지 않을까?

고객의 결정 뒤에는 이러한 이기적인 이유들이 숨어 있다. 그래서 당신이 제시하는 혜택이 고객에게 어떻게 유리한지, 고객이 안고 있는 고통을 얼마나 줄여줄 수 있는지, 고객의 머리보다는 가슴에 어필해야 한다. 3가지 방법이 있다.

### 고객의 가슴에 어필하는 3가지 방법

첫째, 고객의 고민을 말하라. 고객이 안고 있는 문제와 과제들, 그것들을 해결하는 데 어떤 도움을 줄 수 있는지 말하라.

둘째, 고객의 고객을 말하라. 고객도 자신의 고객들 때문에 고민하고 있을 것이다. 경쟁자와의 싸움에서 이기도록 내가 도울 방도를 찾아 말하라.

셋째, 고객의 경쟁자를 말하라. 고객의 가장 큰 짐은 경쟁자를 이기는 것이다. 경쟁자와의 싸움에서 이기도록 내가 도울 방도를 찾아 말하라.

낚시를 잘하려면 물고기가 되라는 말이 있다. 고객의 입장이 되어봐야 고객의 마음을 읽을 수 있고, 고객의 마음을 읽어야 가슴을 움직일 전략을 찾을 수 있다.

프레젠테이션에서 자신의 메시지가 차별화되도록 하기 위해서는 3가지를 기억하자.

첫째, 고객의 필요니즈를 정확히 짚어야 한다.

둘째, 경쟁자보다는 차별화된 솔루션을 제시해야 한다.

셋째, 합리적인 내용은 기본이고, 고객의 마음까지 읽어야 한다.

# Step 1
## 나의 차별화 포인트 찾기

어떤 목적의 PT를 기획하든 내용을 '차별화' 시킨다는 것은 PT성공을 예약하는 가장 확실한 방법이다. 문제는 진정한 차별화는 공짜로 얻어지는 것이 아니라는 점이다. 다음 4개의 질문에 대한 답변을 완성해보자. 확실한 차별화 포인트를 찾을 수 있을 것이다.

1. 내가 프레젠테이션 해야 할 상황<sub>대상과 목적</sub>과 주제를 정한다.
_____
_____

2. 고객 또는 청중이 원하는 것<sub>기대하는 것</sub>은 무엇인지 적어본다. 고객이 안고 있는 문제가 여기에 해당한다. 따라서 차별화의 출발점은 '고객 분석' 이다.
   - 고객이 안고 있는 문제
   _____

   - 고객의 고객이 안고 있는 문제
   _____

   - 고객의 경쟁자가 안고 있는 문제
   _____

3. 위의 문제에 대해서 나의 경쟁자들은 어떤 대안을 제시할지 적어본다. 나의 차별화는 경쟁자를 아는 만큼 분명해진다.
   - 나의 대안:
   _____

   - 경쟁자의 대안:
   _____

4. 경쟁자에 비해서 나는 얼마나 참신한 대안을 제시할 수 있는지 적어본다. 자기분석은 차별화의 완성점이다. 여기서부터 앞으로 나올 15단계가 이어진다.
_____
_____
_____

# 2

1
3
4
5

*Simplification*

# Simplification
# 단순화

단순미 simple beauty 란 불필요한 것을 넣지 않은 상태에서 얻어지는 것이 아니다. 필요한 것도 버리는 전략적 마인드와 결단력, 용기가 있을 때 만들어지는 것이다.

| Simplification | 단순화

# 정보의 홍수에 빠진
# 고객을 구하라

만약 레오나르도가 모나리자를 그리면서 모든 디테일을 다 살렸다면 어떻게 되었을까? 눈에 보이는 모든 것을 다 그린다면 그는 화가가 아니다. 레오나르도가 그랬듯이 모든 화가는 자신이 표현하고 싶은 부분은 강조해서 표현하고 나머지 부분은 과감하게 생략한다. 대상을 단순화하는 것이다.

내가 글을 쓰면서 가장 고민하는 것 중의 하나도 단순함과 디테일detail의 조화 문제다. 어떤 부분의 디테일을 살리다 보면 정보가 과잉되어 핵심이 흐려지는 것을 느낀다. 또, 어떤 부분은 생략하고 나면 알맹이가 없는 것 같은 느낌을 받는다. 그래서 나는 단순화와 디테일 중에서 상황에 맞게 취사선택하면서 글을 자주 고쳐 쓴다. 단순화시키기 위해서다.

단순화는 처음부터 디테일이 없는 것이 아니라, 핵심을 강조하기 위해서 핵심이 아닌 것들을 과감하게 생략할 때 생긴다. 즉, 복잡성을 극복했을 때 달성되는 것이 단순미다.

지금 우리는 정보의 홍수에 빠져 있다. 어디를 보나 정보는 과잉 상태다. 광고가 그렇고 인터넷이 그렇고 신문이 그렇다. 예전과 달리 많은 사람들이 신문을 읽지 않는 이유도 어디서나 넘쳐나는 정보 때문이다.

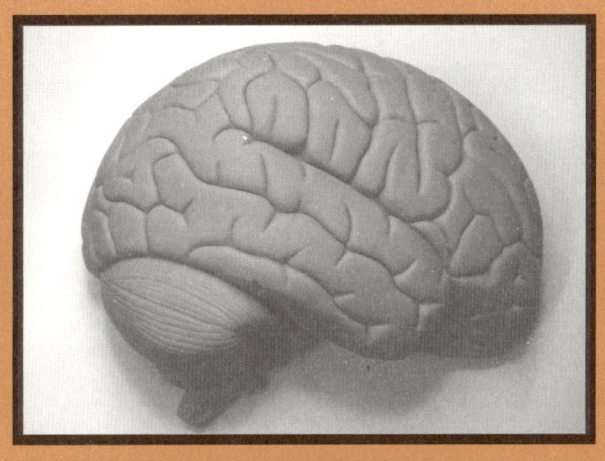

과잉정보로 고객이 정보 과부하 상태에 빠지면
DHEA[6]는 줄고 코티솔은 증가하여
두뇌는 합리적 판단력을 상실하게 된다.
문제는 대부분 정보 부족에서보다 정보 과잉에서 온다.
그래서 단순화가 중요하다.

인류 역사상 어떤 문제도 지식이 부족해서 생긴 것이 없었다. 현재 우리의 감각기관을 통해서 초당 2천 5백만 비트❶씩 들어오는 정보가 모두 사라진다 해도 우리의 행복지수는 달라지지 않는다. 그런데도 우리는 고객에게 더 많은 정보를 주입하려 안달이다. 점점 더 혼란스럽게 만드는 프레젠테이션을 해서야 되겠는가?

사람이 정보 과부하 상태에 빠지면 분석과 판단에 장애가 온다. 전두엽이 측두엽의 장기 기억 창고에서 정보를 검색해 오는 능력이 떨어지고 판단력도 저하된다. 그래서 고객의 올바른 의사결정과 구매행동을 끌어내야 하는 프레젠터의 입장에서 보면 정보 과부하 현상은 심각한 장애물이다.

우리가 제공하는 어떤 정보를 고객이 스스로 알아서 단순화하기를 기대한다면 지나친 기대다. 생략하는 역할은 정보를 더 많이 가진 사람, 전달하는 사람이 해야 한다. 마치 헬리콥터를 타고 내려다보듯 시야를 넓혀라. 버릴 것은 버리고, 생략할 것은 생략해야 한다.

**Simplification** 단순화

# 메시지에 단순미를 더하는 3가지 방법

인간의 인식기관은 모든 정보를 그대로 받아들이지 않는다. 필요한 것만 받아들이게 설계되어 있다. 만약 우리 귀에 들리는 모든 정보가 다 청각적인 정보로 인식된다면 어떻게 될까? 예를 들어 한여름의 매미 소리가 하루 종일 시끄럽게 들리는 사람이 있다면? 그런 사람을 이비인후과 의사들은 '청각과민증' 환자라고 부른다. 왜냐하면 정상적인 사람들이라면 불필요한 정보로 인식해서 들리지 않게 차단되는 소리를 귀에서 걸러내지 못하고 듣고 있기 때문이다. 이처럼 우리의 인식기관은 자기보호를 위해서 필터링을 한다.

내가 무슨 내용을 전했는가는 중요치 않다. 중요한 것은 고객이 무엇을 기억하는가다.

### 첫째, 3개의 핵심단어로 말하라

정보 과부하에 걸린 고객은 3개를 초과하는 메시지는 기억하기 어렵다. 가급적 하나의 메시지는 한 개의 핵심단어로 표현하는 것이 이상적이다. 이 원칙을 '3의 법칙[9]'이라고 부른다. 사람이 가장 기억하기 쉬운 것은 3개로 묶인 정보라는 것이다.

예를 들어 3개로 묶인 정보의 핵심단어들은 아래 표처럼 정리할 수 있다.

| 표면구조 | 서론 | – | 본론 | – | 결론 |
|---|---|---|---|---|---|
| 내면의 구조 | 현상 분석 | – | 문제의 원인 | – | 대안 제시 |
| 핵심단어 | 소통 부재 | – | 정보 과부하 | – | 정보 단순화 |

### 둘째, 큰 그림을 그려라

큰 그림을 그릴 때는 강조하고 싶은 부분만 표현하고 디테일은 생략해야 한다. 예를 들어, 닌텐도의 wii-sports를 보라. 그림이 매우 단순화되어 있다는 것을 알 수 있다. 화려하고 복잡한 그래픽을 그릴 수 있는 능력은 있지만, 왜 그리지 않았을까? 디테일이 현실감은 높여주겠지만 재미를 더하지는 못하기 때문이다. 한마디로 재미의 본질이 아니기 때문이다.

일반적인 프레젠테이션에서 세부적인 정보는 부록에서 제시하거나 고객이 필요로 할 때만 제공하면 된다. 이러한 원칙에 따른 것이 첨부물이나 핸드아웃이다. 고객에게 제공은 하되 필요한 사람만 보게 하는 전략이다.

### 셋째, 비유하라

속담이나 격언이 강력한 힘을 지닌 이유는 비유법을 주로 쓰기 때문이다. 특히 부정적인 정보는 비유적으로 전달할 때 무리 없이 전달된다. 스포츠 용어를 사용하는 것도 좋은 방법이다. "계속 안타만 칠 수는 없다" 처럼 말이다.

**Simplification** 단순화

# 단순화를 완성하는 5가지 방법

어떻게 해야 단순화가 이루어질까? 단순화는 처음부터 디테일을 준비하지 않는 것이 아니라고 했다. 진정한 단순화는 준비했던 디테일을 프레젠테이션에서 과감히 생략할 때 이루어진다. 단순화의 과정은 의외로 간단하지만 실천하기는 쉽지 않다. 그래서 실천하기 쉬운 5가지 방법을 제시한다.

### 첫째, 본문의 단순화

본문과 첨부물을 구분한다. 본문은 발표할 내용이고, 첨부물은 핸드아웃으로 준비하거나 필요할 경우에만 따로 보여주도록 준비하면 내용을 짧게 만들 수 있다. 첨부물이 충분하면 본문은 짧을수록 좋다.

### 둘째, 슬라이드의 단순화

본문은 발표시간 2분당 슬라이드 1매 이내로 준비한다. 예를 들어, 20분의 발표시간이 주어진다면 10매를 준비하는 것이 표준이 된다. 혹시 허전해 보인다면 백데이터로 첨부물을 준비한다.

구두로 부연설명할 내용이 많으면 3분당 1매로 잡아도 좋다. 슬라이드 수가 너무 많으면 듣는 사람에게 쫓기는 듯한 느낌을 준다. 여유 있게 상황을 통제하며 끌어가는 느낌을 주는 것이 끌려가는 느낌을 주는 것보다 훨씬 바람직하다. 한국인들은 필요 이상으로 슬라이드 매수를 너무 많이 준비하는 것이 문제다. 표준 이하로 줄여야 한다.

### 셋째, 서머리의 준비

이그제큐티브 서머리executive summary를 만들어본다. 서머리는 시간이 없는 최고의사결정권자에게 핵심요점만 설명하기 위해서 준비하는 것이다. 1~2장 정도의 서머리를 만들어보면 요약과 정리가 의외로 쉽게 이루어진다.

### 넷째, 엘리베이터 피치 준비

엘리베이터 피치elevator pitch를 준비해본다. 엘리베이터 피치는 엘리베이터를 함께 타고 내려가거나 올라가는 시간 동안 프레젠테이션을 마치도록 준비하는 것이다. 일반적으로 엘리베이터 피치는 30~45초 정도의 길이로 준비한다. 30초면 중요한 내용은 모두 전달 가능하다. 그것이 불가능하면 핵심이 명쾌하게 드러나지 않은 경우다.

**다섯째, 메모지에 요약하기**

명함 두 장 크기의 메모지 한 장에 요약해본다. 나는 중요한 프로젝트를 보고하거나 제안을 위한 공개 PT를 할 때 반드시 이것을 준비한다. 슬라이드를 아무리 잘 준비해 둬도 그것을 열 시간조차 주어지지 않을 때가 자주 있기 때문이다. 따라서 복도를 함께 걸어 가면서 또는 엘리베이터를 함께 타면서, 승용차 문을 열고 자리에 앉기까지의 시간 동안 보고나 발표를 마쳐야 할 경우에 대비해야 한다. 최악의 경우에는 메모지만 주고 올 수도 있게 된다.

이상 다섯 가지 정도를 준비했다면 단순화의 문제는 일차적으로 해결될 것이다. 아직 검증이 필요한 것이 있다면 '정말 타당도 높은 핵심이 슬라이드에 들어가 있느냐'다. 모양새는 그럴싸한데 핵심은 짜 맞추기를 한 것 같은 느낌을 준다면 처음부터 다시 시작해야 한다. 메시지에 단순미를 더하기 위해서는 3가지를 꼭 기억하자.

첫째, 고객을 정보의 홍수 속에 빠뜨리지 말자.
둘째, 3개의 핵심 키워드를 중심으로 정리하자.
셋째, 전체 내용을 메모지 크기로 요약해보자. 내용이 명쾌해진다.

# Step 2
## 메시지 내용 단순화시키기

1. 〈 Step 1 〉에서 정한 주제에 대해 나의 프레젠테이션 내용을 3개의 핵심단어로 압축해서 단순화시켜본다. 대안의 핵심단어는 둘 이상일 수 있다.

| 표면구조 | 서론 | — | 본론 | — | 결론 |
|---|---|---|---|---|---|
| 내면의 구조 | 현상분석 | — | 문제의 원인 | — | 대안제시 |
| 3개의 핵심단어 | ( ) | — | ( ) | — | ( ) |

2. 위의 내용에 대해서 메모지 1매 크기로 압축된 서머리를 만들어본다. 공백을 포함해 450자 이내로 내용을 단순화하라. 이 내용은 나중에 이그제큐티브 서머리 executive summary로 쓰일 수 있다.

# 3

## Creativity

# Creativity
# 창조성

훌륭한 모방도 창조에 버금가는 가치를 지니던 때가 있었다. 그때는 제품화해서 시장에 출시하는 속도speed와 규모의 경제 economy of scale❾가 지배하던 시대였다. 그러나 지금은 남들이 모방할 수 없는 '창조 DNA'를 가져야 살아남는 시대가 되었다.

**Creativity** 창조성

# 창조적 프레젠테이션을 방해하는 3가지 함정

창조로 가는 길목엔 수많은 복병들이 기다린다. 이들을 극복하지 못하면 우리는 결코 창조적인 사고를 할 수 없다. 개념적이고 이론적인 방법들은 매우 많지만 실제로 바로 쓸 수 있는 방법을 찾기란 쉽지 않다. 그래서 내가 경험한 방법을 여기에 최초로 소개한다.

### 습관의 함정: 기존 슬라이드를 수정해서 내용을 만들지 말자

많은 사람들이 발표내용을 준비할 때 기존의 슬라이드 중에서 비슷한 내용을 복사해 일부만 고쳐 만든다. 처음부터 다시 만들지 않는 것이다. 이 방법은 매우 효율적이다. 그럼에도 불구하고 왜 이러한 습관적인 작업 방법을 버려야 할까?

우선 창의성을 살리기 위해서다. 창의성이란 새로운 생각, 발상의 전환에서 비롯된다. 옛날 파일을 열어보면 과거의 낡은 정보가 미래의 정보를 지배해버린다. 눈앞의 정보가 너무 확실해서, 새롭고 참신하지만 아직 추상적인 생각이 비집고 들어올 틈을 없애버린다. 결과를 창의적이게 만들려면 방법부터 새롭게 바꾸어야 한다. 이것이 인과의 법칙이다.

다음으로, 인간이 가진 사고 패턴의 한계를 극복하기 위해서다. 인간의 사고체계는 창의적으로 사고하도록 설계되어 있지 않다. 예를 들면, 인간의 인식체계로 들어오는 모든 지식과 경험은 자동 분석되어 패턴화되고[10], 이렇게 형성된 패턴들은 심지어 전혀 다른 상황에도 적용된다. 이러한 사고의 한계점을 극복해야 한다. 과거를 잊고 새롭게 만들어야 창조적인 것이 나온다.

### 메커니즘의 함정: 집단사고의 함정에 빠지지 말자

집단의사결정의 가장 큰 문제점은 무엇보다도 힘 있는 소수나 다수가 집단의 의견을 지배한다는 것이다. 창의적인 소수가 설 자리는 어디에도 없다. 이것을 집단사고 현상이라 한다. 집단사고의 함정에 빠지지 않으려면 브레인스토밍 기법을 잘 이용하는 것이 좋다. '6가지 색깔의 모자'[11]에서 소개하는 창의적 사고법을 이용해도 좋다.

### 생각의 함정: 완벽주의란 함정에 빠지지 말자

실수를 용납하지 않는 완벽주의 문화에서 사람들은 어떻게 행동할까? 아마 위험을 회피하기 위해 가장 안전한 방법만 선택할 것이다. 창조성이란 관점에서 보면 완벽주의는 공동묘지나 다름없다. 완벽성을 추구하는 문화에서는 상은 없고 벌만 난무하게 되기 때문이다.[12] 그런 분위기에서는 칭찬에는 인색하고 질책에는 확실한 간부들이 두텁게 포진하고 있어서 유연하고 창의적인 생각이 싹조차 틔울 수 없다. 결과를 창의적으로 만들려면 창조를 방해하는 매너리즘은 없애고, 창의성이 자랄 수 있는 토양을 만들어야 한다.

**Creativity** 창조성

# 창조적 솔루션을
# 끌어내는 법

진정 창조적인 결과를 만들려면 창의성을 가로막는 함정에서 벗어나는 것만으로는 부족하다. 그것은 소극적인 대안에 불과하다. 창조란 참신한 아이디어에서 출발하지만 창조적인 실행으로 현실화되기 때문에 적극적인 대안이 필요하다. 창조적인 솔루션을 찾아내는 3가지 방법을 소개한다.

### 집단의 창조성을 이용하자

프레젠테이션을 기획할 때 처하는 어려움은 원인과 결과가 직접적으로 대응되지 않는다는 것이다. 인과관계가 분명한 상황은 더 이상 비즈니스계에 존재하지 않는다.[15] 이러한 복잡성을 극복하고 창조적인 대안을 찾는 방법은 집단의 지혜를 모으는 것이다. 집단의 창의성은, 다양한 의견이 때로는 상충되더라도 서로 자극을 받으며 조정될 때 만들어진다. 한마디로 계급장을 떼고 이야기할 수 있는 문화를 만들어야 한다는 것이다.

### 잠자고 있는 두뇌 반쪽을 채찍질하자

인간의 두뇌가 좌우 반구로 역할이 나누어져 있다는 것은 이제 상식이지만, 좌뇌 중심적 사고가 얼마나 위험한지는 아직 잘 모르고 있다. 좌뇌를 지배하는 합리성은 너무나 강력해서 우뇌의 창조성을 능가하게 되며, 창조적 사고의 가장 큰 장애물은 논리적 사고다. 그래서 논리적 사고를 사고의 감옥이라 부른다.

논리적 사고가 불필요하다는 말이 아니다. 창조적 사고가 우선되어야 한다는 것이다. 생각의 감옥에서 벗어나는 방법은 뭘까? 방법은 다음과 같다.

### 우뇌에 건강한 스타일로 일하자

생각의 감옥을 벗어나려면 우뇌에 건강한 업무방법을 택하면 된다. 그러자면 가능한 한 디지털보다는 아날로그적이고, 상자 안보다는 상자 밖의 사고를 하도록 해야 한다.

첫째, 전혀 무관해 보이는 타 분야나 인접분야에서 아이디어를 빌려 와야 한다. 마치 구텐베르그가 포도즙을 짜는 착즙기의 원리를 금속활자용 압인기로 응용한 것과 같은 원리다.

둘째, 마감시간을 정해두고 일해야 한다. 창의가 필요하다고 무제한의 시간을 주면 두뇌가 100% 가동되지 않는다. 인간의 두뇌는 마감시간에 임박할 때 가장 활성화된다.

셋째, 장소와 분위기를 바꿔가며 아이디어를 찾아야 한다. 많은 기업들이 아이디어 찾기 워크숍을 숲 속의 통나무집에서 하는 이유는 여기에 있다. 환경의 변화가 새로운 생각을 자극한다. 책상 앞에서 머리를 틀어박고 아이디어를 찾지 말자. 자리에만 오래 붙어 있다고 열심히 일하는 것이 아니다.

Creativity 창조성

# 닌텐도의 사례에서 본 창조 DNA

매출액이 큰 기업과 이익이 높은 기업 중에서 어느 쪽이 더 성공적인 기업일까? 상황에 따라서 답은 달라지겠지만 일반적으로는 이익 쪽이다. 그런 관점에서 보면 닌텐도는 세계가 부러워하는 기업이다.

닌텐도는 세계에서 종업원 1인당 이익을 가장 많이 내는 회사[11]다. 〈파이낸셜타임즈〉가 발표한 닌텐도의 종업원 1인당 순이익은 2008년 회계연도를 기준으로 160만 달러에 달한다. 그렇게 잘나가던 구글의 이익이 당시 62만 달러선인 것을 보면 수익률이 얼마나 높은지 짐작이 간다. 창조란 키워드로 블루오션을 개척하고 있는 닌텐도의 창조 DNA를 분석해보자.

### 게임에서 승리하기보다 게임의 룰을 바꾸는 창조성

닌텐도는 그동안 여러 차례 위기를 겪었지만 그때마다 창의적 돌파구를 찾아서 반전을 이루었다. 대표적인 예로 Wii를 들 수 있다. 자기 회사는 물론 경쟁사인 소니의 플레이스테이션까지 모두가 화려한 그래픽으로 승부를 노리고 있을 때, 닌텐도는 화려한 그래픽 대신 화면구성을 단순화하고 다른 곳에서 고객들을 유혹

할 방법을 찾았다. 닌텐도는 그래픽의 화려함이 게임의 재미와는 무관하다는 사실을 발견했기 때문이다.

그래픽의 화려함 대신 닌텐도가 찾은 유혹의 미끼는 주변기기에 있었다. 단순화된 컨트롤러가 그것이다. 그때까지만 해도 컨트롤러가 복잡해서 게임을 포기한 사람들이 있었기 때문에, 이들을 다시 게임시장으로 불러들일 수 있도록 컨트롤러를 단순화시켜 쓰기 쉽게 했다. 닌텐도는 '게임에서 이긴 것'이 아니라 '게임의 법칙을 바꾸는 데 승리한 것' 이다. 닌텐도의 창조성이 돋보이는 대목이다.

### 실패를 두려워하지 않는 도전적 창조성

기존의 게임은 젊은층의 전유물이었다. 닌텐도는 이러한 고정관념을 깨고 젊은층에서부터 노년까지 게임인구의 저변을 확대할 방안을 찾았다. Wii 스포츠나 닌텐도 DS가 그 예다. 가족이 함께 즐길 수 있는 게임으로 게임의 개념을 바꾼 것이다. 화투로 시작해서 닌텐도 Wii에 이르기까지 100년 이상 수많은 실패를 경험하면서 응축된 닌텐도만의 노하우가 있었기에 이런 창조가 가능했다. 실패를 두려워하고, 실패 사례를 묻어버렸다면 이런 성공은 기대조차 할 수 없었을 것이다. 실패를 덮기에 급급한 국내의 많은 기업에게 경종을 울리는 대목이다.

**Creativity** 창조성

# 애플의 사례에서 찾은 창조 DNA

이 시대를 대변할 핵심단어는 무엇일까? 나는 창의와 창조라고 생각한다. 여기서 창의적이란 생각 차원의 새로움을, 창조적이란 결과 차원의 새로움을 뜻한다. 따라서 창조성은 직접적으로 부가가치를 창출해낸다. 창조성의 효과는 애플의 사례에서 잘 볼 수 있다. 아이폰과 아이패드의 사례에서 창조 DNA를 찾아보자.

### 창조적 포지셔닝

스마트폰 전쟁을 촉발시킨 아이폰은 스마트폰 중에서 가장 먼저 전화기가 아닌 '손 안의 컴퓨터 hand-held computer'로 포지셔닝한 제품이다. 그래서 다른 제품들과는 비교가 되지 않는 대용량의 메모리를 가지고 시장에 나왔다.

아이팟도 그러했다. 경쟁사들이 MP3플레이어를 만들 때 애플은 이미 손 안의 컴퓨터를 겨냥하는 포지셔닝 전략을 택했다. MP3플레이어나 휴대전화기를 컴퓨터로 리포지셔닝한 것은 창조적 콘셉트의 승리였다. 손 안의 컴퓨터로 아이팟과 아이폰이 이미 성공했기 때문에 여세를 몰아 아이패드로까지 발전할 수 있었다. 포지셔닝의 창조성을 잘 보여준다.

아이팟에서 아이폰, 아이패드로 이어지는 제품 라인업 과정을 보면 하드웨어 적로는 '손 안의 컴퓨터'란 개념을 확산시켜 나간 것을 볼 수 있다.(확산적 접근) 그러나 소프트웨어적으로 보면 매킨토시에서부터 시작된 그래픽유저 인터페이스 GUI 기술이 집약된 것이다.(수렴적 접근) 이처럼 하나의 창조가 성공하기 위해서는 확산적 접근과 수렴적 접근이 모두 필요하다.

### 창조적 통합

아이폰에 사용된 어떤 기술도 새로운 것이 없다. 이미 세상에 널리 알려져 익숙한 기술들이다. 다만 기존의 익숙한 기술들을 유저 인터페이스가 편하도록 통합했다는 점이 새로울 뿐이다. 수렴적 창조성이다.

### 창조성 서포터즈

아이폰에서 아이패드로 이어진 신제품 개발 경주의 이면에는 스티브 잡스만이 거느린 아이디어 군단이 있다. 주로 애플의 유저들로 이루어졌는데 이들은 하루 평균 300건의 아이디어를 스티브에게 직접 제공한다. 스티브는 매일 이들 아이디어를 직접 심사하고 그 중에서 제품화할 수 있는 부분을 개발 파트에 넘긴다. 다른 어떤 CEO도 이런 대규모의 아이디어 군단을 직접 거느린 사람은 없다. 사고의 창조성을 보여준다.

### 창조적 파트너십

아이폰의 어플리케이션을 올리는 개발자들은 어느 누구도 하청회사 취급을 받지 않는다. 개인이라 하더라도 애플은 이들을 동등한 사업 파트너로 인정해준다. 이것이 창조적인 파트너를 확보하고 유지하는 그들만의 노하우다. 창조적 비즈니스 모델이다.

## Step 3
### 나의 창조 DNA 찾기

1. 주제에 대한 기존의 솔루션을 찾고 평가해보자.
   — 기존의 솔루션
   _____
   _____
   _____

   — 창조성 수준 평가
   _____
   _____
   _____

2. 내가 제시하는 솔루션을 창조성이란 관점에서 집중 조명해보자. 문제의 창조적 재해석도 포함될 수 있다.
   _____
   _____
   _____
   _____

2.1 무엇이 기존의 대안보다 창조적인가?
   _____
   _____
   _____

2.2 기존의 대안보다 어느 정도 창조적이고, 왜 그러한가. 해당 사항에 체크하고 그 이유를 적어본다.
   ☐ 상당히 개선된 수준
   _____

   ☐ 혁신적 수준
   _____

   ☐ 창조적 수준
   _____

# 4

*Contrast*

# Contrast
# 대비 효과

깊은 계곡은 높은 산 때문에 생긴다. 짙은 그림자는 강한 빛에 의해 만들어진다. 대비 효과란 이처럼 서로 상반된 것이 대조적으로 비교될 때 생긴다. 이 원리는 프레젠테이션에서 매우 쓸모가 많다.

## Contrast 대비 효과

# 어두움이 짙을수록
# 빛은 강렬하다

영화 〈예수의 수난The Passion of the Christ〉의 한 장면. 예수의 처형과 부활은 최고의 대비 효과를 보여준다.

선명한 사진은 대비효과에서 만들어진다. 사진의 대비는 빛과 그림자의 차이가 강할수록 뚜렷하다. 메시지도 그렇다.

인류 역사상 최고의 대비효과는 예수의 부활이다. 신약성경 마태복음 27장 28장[49]까지를 읽어보면 이러한 분석이 가능하다. 또는 영화 〈예수의 수난The Passion of the Christ〉를 보면 다음과 같은 분석을 할 수 있다.

❶ 3일 전의 죽음과 3일 후의 삶이라는 극적 대비.
❷ 십자가라는 치욕과 부활이라는 영광의 극적 대비.
❸ 십자가에서 처형을 당했지만, 부활로서 '피할 수 있는 죽음'이었음을 입증한 대비.

만약 부활 사건이 없었다면 십자가상의 죽음이 2천 년이 지난 후에도 이렇게 강하게 기억될 수 있었을까? 만약 십자가 사건이 없었다면 부활이 우리의 가슴에 이처럼 깊이 새겨질 수 없었을 것이다. 대비효과란 이렇게나 강렬한 것이다.

선명한 사진은 빛과 그림자의 대비로 만들어지듯, 최고의 대비 효과는 고통과 이익의 대비에서 나온다. 현재의 문제점이 가져온 고통이 개선 후에는 어떤 이익으로 바뀌는지를 보여주는 것이 대비효과다.

어떠한 형태의 고통이든 그것을 참고 견디겠다는 고객은 없다. 자신의 고통을 덜어줄 방안이 있다면 고객은 당장이라도 지갑을 열고 싶어 한다. 고통이 클수록 빨리 벗어나고 싶고 이익이 클수록 빨리 그것을 취하고 싶은 법이다. 고통과 이익은 뚜렷하게 대비될수록 좋다. 마치 빛과 그림자처럼 말이다.

## Contrast 대비 효과

# 옛것과 새것을
# 눈앞에 보여줘라

다이어트 프로그램을 소개한다면 어떤 접근이 좋을까? 감량된 체중을 숫자로 분석하여 1개월 만에 30%의 감량효과를 보였다고 소개하는 것이 좋을까? 아니면 프로그램 전의 뚱뚱한 사진과 프로그램 후의 날씬해진 사진을 직접 대비시키는 것이 좋을까? 당연히 후자일 것이다. 전과 후의 대비는 그래서 가장 많이 쓰인다.

나는 건강상의 이유로 1주일에 3일 이상 새벽 산행을 한다. 아침 5시 30분에 아내와 함께 집을 나서는데 새벽 숲의 신선한 공기를 마시며 2시간 동안 약 9킬로미터의 산길을 걷는다. 해발 350미터의 안산<sub>연세대학교 뒷산</sub> 정상을 다녀오는 길이므로 힘든 길이다. 적어도 처음에는 그러했다. 비가 오거나 눈이 오는 날은 쉬고 싶은 유혹도 강했다.

그러나 1년이 지났을 때였다. 1년 전에 입었던 바지들을 꺼내어 다시 입어보고는 무척 놀랐다. 예전의 바지들이 모두 허리를 줄여야만 입을 수 있었기 때문이다. 34인치나 되던 허리둘레가 무려 주먹 2개가 들어갈 정도로 날씬해졌다.

이제는 새로 사는 바지를 29인치로 살까 30인치로 살까 고민할 정도가 되었다. 뒤에서 내 모습을 본 아내는 "당신 뒷모습은 이제 총각 같아!" 한다. 이 정도의 시각적인 효과가 확인되니까 피곤하거나 추운 날 또는 매우 더운 날 하루쯤 쉬고 싶은 유혹을 쉽게 이길 수 있게 되었다. 내가 남들처럼 중도에 포기하지 않고 아침 산행을 지금도 계속하는 이유는 전과 후의 대비효과 때문이다.

　가장 보편적인 대비법은 전과 후의 대비다. 시각적이고 객관적인 대비효과에 고통과 이익의 대비를 결부시킨다면 대비효과는 극대화된다.

**Contrast** 대비 효과

# 씨 뿌릴 것과 수확할 것을 대비시켜라

　의사결정권을 가진 사람들이 투자를 망설이는 이유는 무엇일까? 투입input 대비 산출output에 대한 확신이 없기 때문이다. 따라서 투자금액과 투자효과를 대비시키는 것은 지갑을 열게 만드는 가장 좋은 대비법이다. 특히 투자를 이끌어 낼 때나 시설투자처럼 많은 예산이 소요되는 일에 의사결정을 요구할 때 매우 유용하다.

　내가 기업의 면접제도를 개선하는 컨설팅을 할 때면 이런 대비로 고객을 설득시킨다. 신입직원 한 사람이 조직에 적응하지 못하고 2년 이내에 퇴사하게 되면 입게 되는 직간접 손실은 적어도 그 사람 연봉의 3배에 달한다는 통계가 있다. 그래서 현재 29%대인 신입사원 적응실패율을 19%로만 낮춘다 해도 얻게 되는 기대이익은 막대하다. 신입사원 100명을 뽑는 회사이고, 신입연봉이 2,900만 원이라고 가정하면 10억 원에 육박하는 손실이 예방된다. 컨설팅 비용을 2천만 원으로 잡는다 해도 투자대비 효과는 무려 5,000%에 달한다.

　그러나 모든 투자효과를 정량적으로 계산할 수 있는 것은 아니다. 만약 산출물의 정량적인 측정이 불가능하다면 어떻게 해야 할까? 이 경우는 질적인 기대효과로 양적인 효과를 대신할 수 있는데, 여기에 3가지 방법이 있다.

### 첫째, KPI Key Performance Indicator 달성에 기여하는 정도

성과 달성에 직접적으로 기여하는 정도는 계산하기 어려우므로 성과 달성에 결정적인 영향을 미치는 KPI 핵심성과지표 달성에 기여한 정도를 산출하여 설득한다. 정성적인 효과에 대해서는 이것이 가장 설득력 있는 접근법이다.

### 둘째, 당면과제 Current Business Issue 해결에 기여하는 정도

어느 조직이든 당면한 업무과제를 안고 있게 마련이다. 이러한 과제를 해결하는 데 기여할 수 있다고 설득할 수 있다.

이상의 2가지는 적극적인 차원의 설득 근거가 된다. 반면 다음의 근거는 소극적인 차원의 근거로 쓰인다.

### 셋째, 위험회피에 기여하는 정도

모든 기회에는 위험이 수반된다. 위험과 기회는 그래서 동전의 양면과 같다. 위험이 클수록 기회도 커지는 것이 일반적이다. 따라서 예상되는 위험을 예방하거나 최소화하는 것은 기회를 확장시키는 것 못지않게 중요해진다. 이점을 강조하며 설득할 수 있다.

위험에는 두 가지 종류가 있는데, 어느 것이든 강조의 근거로 쓸 수 있다.

**❶ 고위험 - 저빈도형**

위험의 강도는 매우 크지만 실제 일어날 가능성은 매우 낮은 것. 예를 들면 한국의 강한 지진 피해가 여기에 해당된다.

**❷ 저위험 - 고빈도형**

위험의 강도는 낮지만 예상되는 빈도는 매우 높은 경우. 예를 들면 환율변동으로 발생하는 환차손이 여기에 해당된다.

지금껏 우리는 차별화된 프레젠테이션의 출발인 콘텐츠 기획에 대해 살펴보았다. 차별화된 콘텐츠를 기획하기 위해서는 3가지를 잊지 말자.

첫째, 참신하고 창조적인 접근을 해야 한다.

둘째, 복잡하지 않게 단순미를 살려야 한다.

셋째, 극적인 대비 효과를 살려야 한다.

# Step 4
## 메시지의 대비 효과 살리기

1. 나는 어떤 대비 효과를 살리고 있나 찾아보자.
   ☐ 고통과 이익의 대비
   • 고통                          • 이익
   _____          _____
   _____          _____
   _____          _____

   ☐ 전과 후의 대비
   • 전 before                    • 후 after
   _____          _____
   _____          _____
   _____          _____

   ☐ 투자와 효과의 대비
   • 투자                          • 효과
   _____          _____
   _____          _____
   _____          _____

2. 어느 정도의 대비 효과가 있나 평가해보자.
   ☐ 극명하다

   ☐ 분명하다

   ☐ 미미하다  ※ 이 경우 대비 효과를 높일 방법을 고민해야 한다.
   _____
   _____
   _____

# Case study
## 스티브 잡스의 프레젠테이션 사례 분석

아이폰 4 출시 이벤트에서 스티브 잡스의 프레젠테이션 장면. 그가 연출한 대비 효과를 분석해 보는 것도 의미있다.

특별한 공연이 있는 것도 아닌데 사람들이 길게 줄을 서 있다. 하루 전에 시작된 줄이 점점 길어져 수백 미터에 이른다.

드디어 입장 시간이 되어 사람들이 홀에 들어가 앉자 청바지 차림의 스티브 잡스가 등장한다. 사람들은 환호한다. 인기 연예인이 등장한 것보다 더 고조된 분위기다.

스티브 잡스는 환호하는 유저들에게 특유의 제스처와 어투로 프레젠테이션을 시작한다. 아이폰 4의 특징을 설명하고 이것이 주는 혜택을 말해나간다. 별로 특별한 것이 없다. 그런데도 사람들이 환호하는 이유는 뭘까? 적어도 3가지 이유가 숨어 있다.

**1. 스티브 잡스의 창조성에 대한 기대감이다.** 사람들은 그가 과거에 그렇게 해왔던 것처럼 얼리어댑터들의 호기심을 충족시켜줄 무언가를 들고 나올 것이라는 기대를 가지고 있다. 즉 발표 내용에 대한 기대감이다.

2. 철저한 비밀유지 뒤에 터뜨리는 대비 효과다. 스티브 잡스는 무엇을 발표하든 발표 순간까지 그 내용을 비밀에 부친다. 언론에도 철저한 엠바고embargo; 보도금지를 요청한다. 만약 엠바고를 지키지 않으면 그 언론사는 다음번 신제품 발표회장에 초대하지 않는다. 호기심을 잔뜩 돋운 뒤에 터뜨리면 대비 효과는 극대화된다.

3. 스티브 잡스 스토리의 대비 효과다. 스티브 잡스는 많은 우여곡절을 겪고 정상에 오른 대표적인 사람이다. 미혼모의 아들로 태어나 입양되었고, 양부모의 가난 때문에 대학을 중퇴했다. 하지만 글자 폰트에 대한 강의를 청강했을 때의 아이디어를 살려 폰트가 예쁜 매킨토시 컴퓨터를 만들어 냈다.[10] 사람들은 그런 창조성과, 자신이 만든 회사에서 쫓겨났다가 다시 돌아와서 애플을 최고의 기업가치를 지닌 IT기업으로 부활시킨 카리스마, 암과 싸우는 투지 등 그가 지닌 스토리에 환호하는 것이다.

스토리는 결국 내용이고, 내용은 대비 효과로 살아난다. 최고의 CEO면서도 청바지와 티셔츠를 입는 것도 대비 효과를 더한다. 사실 언론에서는 이것을 '편안함'의 연출이라지만, 그것은 10년간 철저히 기획되어 연출된 스티브 잡스의 아이덴티티다.

이 사례연구에서 우리가 스티브 잡스에게 배울 점은 뭘까? 그것은 대비와 반전 효과를 살리는 것이다. 프레젠테이션도 비즈니스도 인생도 대비와 반전이 없다면 재미없어진다. 대비 효과를 살리는 것은 그만큼 중요하지만, 그 방법을 찾는 것은 각자의 몫이다.

# 2장.
# 설득력 있는
# 메시지 전개 구조

# Differentiated Structure

물은 어떤 그릇에나 담길 수 있지만 좋은 잔에 담길 때 청량감이 더해진다. 그처럼 메시지도 특정한 구조를 가질 때 설득력이 살아난다. 어떤 전개 구조가 설득력 있는 구조인가.

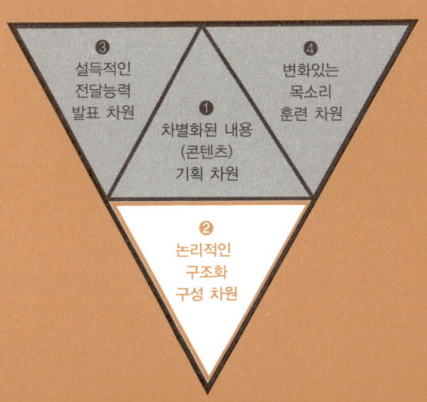

# 5

*Logic*

# Logic
# 논리

 대부분의 정보제공형 프레젠테이션informative presentation은 논리의 싸움이다. 여기서 말하는 논리는 두 가지 차원이다.
 첫째, 논리적 전개를 의미한다. 흔히 말하는 서론 — 본론 — 결론의 구조를 갖추어야 한다.
 둘째, 주장과 논거의 일치❶를 의미한다. 자신만의 주장이 살아 있고 주장을 뒷받침할 근거도 있어야 한다.

**Logic** 논리

# 어떻게 해야
# 설득력이 높아지는가

사람들은 자신의 말이 강한 설득력을 지니기를 원한다. 자신의 프레젠테이션이 매우 설득적이기를 바란다. 설득력에 대한 향수가 이렇게 강하다면 설득력의 정의와 구조부터 해부해보자.

설득력은 두 가지 요소로 구성된다. '말의 깊이'에서 시작되고 '확신에 찬 전달'로 마무리된다. 확신에 찬 전달력은 다음 장에서 다루어야 하므로 이 장에서는 말의 깊이만 논하기로 한다.

### 설득력 = 말의 깊이 + 확신에 찬 전달

위의 등식에서 '말의 깊이'가 뜻하는 바는 뭘까? 두 가지다. 하나는 주장의 타당성validity이고 다른 하나는 합리성rationality이다. 여기서 말하는 타당성이란 무엇일까? 한마디로 '옳은 주장인가' 하는 것이다. 그리고 합리성은 '주장의 근거가 논리적인가' 하는 것이다. 4대강 사업의 예를 들어보자.

타당도 측면에서 보면 개발론자의 주장과 환경론자의 주장은 모두 옳다. 그러나 주장의 근거를 보면 다르다. 개발론자는 홍수 피해 방지효과와 우리나라가 '물 부족 국가' 중 하나라는 것을 주장의 근거로 내세운다.

반면 환경론자는 개발의 효용가치는 인정하면서 개발로 인해 얻는 가치보다 환경파괴로 인한 생태계 교란과 훗날 후손들이 환경을 자연 그대로 회복하고자 할 때 들어가는 복구비용 등 상실가치가 월등하게 크다고 주장한다. 인위적으로 개발된 하천을 자연상태로 되돌리려는 선진국의 노력과 그에 따른 천문학적인 비용을 사례로 들어서 자신의 주장을 입증한다.

 따라서 개발의 효용가치만 내보이고 비용은 언급하지 않는 개발론자의 주장보다는, 개발이익을 인정하면서도 개발로 상실되는 가치가 더 크다고 주장하는 환경론자의 주장이 더 합리적이다. 합리성이란 이런 것이다.

**Logic** 논리

# 결론은 반드시 필요한가

'어떤 방식으로 결론을 내릴 것인가'에 앞서 '결론은 반드시 필요한 것인가'부터 짚고 넘어가자. 여기서의 결론은 명시적인 것을 뜻한다. 결론은 명시적으로 내릴 수도 있고 암시만 할 수도 있다. 이 두 가지 방법에 대한 차이와 장단점은 서양에서 이미 충분히 연구되었다.

### 명시적인 결론의 장단점

명시적인 결론은 매우 전문적인 내용을 다룰 때나, 듣는 사람들이 큰 관심을 가지지 않아서 스스로 결론을 내릴 의지가 없는 경우에 더 필요한 방법이다. 그러나 전달하는 주제에 정통하고 충분히 분석하여 스스로도 결론에 도달할 능력이 있는 사람에게 명시적인 결론은 마치 조종당하거나 무시당하는(존중받지 못하는) 느낌을 줄 수도 있다❷.

일반적으로 전달하는 사람과 전달받는 사람 사이의 정보 격차가 큰 경우에 적당하다.

### 묵시적인 결론의 장단점

결론을 명시하지 않고 암시만 하는 경우에는 어떻게 될까? 명시적인 결론의 장단점을 뒤집어서 보면 된다. 내용을 충분히 잘 알고 있는 전문가여서 스스로 비교 평가하고 결론에 도달할 수 있는 사람이라면 묵시적인 방법을 선호한다.

물론 내용에 대한 충분한 배경지식이 없거나, 대안들을 비교 분석해서 결론을 내려야 할 충분한 이유가 없는 사람은 동일한 내용을 듣고도 이렇게 말할 것이다.

"결론이 도대체 뭐야? 어떻게 하라는 거야?"


### 절충식의 장단점

명시적인 결론과 묵시적인 결론의 장점만을 취한 것이 절충식이다. 절충식에서는 문제에 대한 대안을 하나하나 충분히 검토한 후 찬성과 반대의 결론을 내리되, 최종적인 대안의 선택에 대해서는 청중에게 맡기는 방법이다. 그러면서 이렇게 끝맺음을 할 수 있다.

"지금까지 모든 가능성 있는 대안들을 짚어보았고, 각각의 안에 대한 장단점을 분석해 말씀드렸습니다. 결론은 이제 여러분의 몫입니다."

이 방법은 여러 특성의 사람이 섞여 있는 그룹에 쓰면 적당하다.

**Logic** 논리

# 성급한 사람에게
# 통하는 논리

명시적인 결론을 내려야 한다면 두괄식과 미괄식 중에서 어떤 방법을 언제 쓰면 좋을까?

두괄식頭括式이란 어떤 구조인가를 먼저 생각해보자. 머리 두頭 자를 썼으니까 주장이 머리에 오는 구조다. 근거보다 주장을 시간적으로 먼저 내세우는 것이다. 성급한 사람들에게 잘 먹힌다. 성급한 사람들은 직관적이고 생각이 빠르기 때문에 빨리 결론이 나기를 기대한다. 따라서 핵심을 먼저 말해줘야 취향에 맞다.

### 의사결정권자를 설득하려면 두괄식을 이용하라

원래 성질이 급한 사람도 있지만 상황이 사람을 그렇게 만들기도 한다. 시간은 한정되어 있고 처리해야 할 일이 많다 보면 자연스레 '빨리 빨리'가 몸에 밴다. 그렇게 하지 않으면 살아남지 못하기 때문이다. 조직의 위계구조에서 위로 올라갈수록, 책임 범위가 넓어지고 어깨가 무거워질수록 점점 더 빠른 결정을 내려야 한다는 강박관념 같은 것을 갖는다. 두괄식 사고에 익숙해지는 것이다.

그런 사람들은 결과지향적 사고를 하므로 세부적인 것은 챙기지 않는 행동적 특성을 보이고 언어적으로는 "그래서so what?"라는 말을 자주 쓴다. 내부 보고나 제안을 받는 간부들, 프레젠테이션을 듣는 상사들은 대부분 이런 유형에 속한다.

### 두괄식 구조의 변형, PREP프렙 구조

성급한 사람에게는 두괄식이 제격이다. 두괄식이란 핵심이나 결론을 먼저 말하고 그 이유를 이어서 설명하는 구조다. 커뮤니케이션 매니아들의 국제적인 모임인 토스트마스터즈클럽Toast Masters Club에서는 두괄식을 PREP 구조라고 부른다. 가장 널리 권장되는 수사법이기도 하다.

| | |
|---|---|
| Point | 핵심부터 말한다. |
| Reason | 이유를 말한다. |
| Example | 사례를 제시한다. |
| Point | 핵심을 되짚는다. |

PREP 구조가 효과적인 이유는 두괄식이면서도 끝에 가서 핵심을 한 번 더 강조하기 때문이다. PREP 구조를 활용한 예는 다음과 같다.

| | |
|---|---|
| Point | 아동성범죄자에 대한 화학적 거세가 필요하다. |
| Reason | 아동성범죄자들의 재범률이 높기 때문이다. |

| | |
|---|---|
| Example | 최근 초등생을 성폭행하고 살해한 ○○○도 전과 5범으로 밝혀졌다. |
| Point | 아동성범죄자에 대한 화학적 거세안에 찬성표를 던져라. |

### PREP 구조와 연결어구

PREP 구조가 완벽한 구조인 이유는 연결어구들의 역할 때문이다. "예를 들면", "왜냐하면"과 같은 것들이 결정적인 역할을 한다. 이러한 연결어가 빠지면 논리성이 반감된다. 그래서 아래처럼 말을 바꿔줘야 한다.

| | |
|---|---|
| Point | 전 직원들에게 스마트폰을 지급합시다. |
| Reason | 왜냐하면 스마트폰은 업무 능률을 높여줍니다. |
| Example | 예를 들면 경쟁사인 XYZ사는 이미 전 직원에게 스마트폰을 지급하였습니다. |
| Point | 우리도 전 직원이 스마트폰으로 업무처리를 할 수 있게 합시다. |

Logic 논리

# 깐깐한 사람에게
# 통하는 논리

깐깐한 사람들은 미괄식을 선호한다. 미괄식尾括式이란 어떤 구조일까? 꼬리 미尾자를 썼으니 끝에 가서 결론을 낸다는 말이다. 누가 좋아하고 누가 싫어할까?

### 숫자를 다루는 완벽주의자 취향에 맞는 스타일

성급한 사람들은 싫어하지만 치밀하고 꼼꼼한 사람들은 좋아할 스타일이 바로 미괄식이다. 완벽주의자들은 대부분 분석적이고 매사에 신중하고 조심스러워서 실수나 오류를 용납하지 않는다. 이들은 모든 자료를 꼼꼼하고 철저하게 검토해보고 난 뒤에 결론 내리기를 원한다.

업무상 재무회계나 구매, 기술, 연구 분야에 근무하는 사람들은 완벽주의자적인 특성을 지닌다. 이들이 주로 다루는 '숫자'는 조금의 융통성도 없는 커뮤니케이션 언어이기 때문이다.

미괄식을 좋아하는 이들에게 프레젠테이션할 때는 정확성이 생명과 같다. 수동적이지만 비판적인 자세로, 열심히 계산을 하면서 듣고 있는 이들은 오류에 민감하다. 그래서 사소한 실수 하나로도 그동안 쌓아온 신뢰가 한꺼번에 무너질 수 있다.

### 정보제공형, 문제해결형 프레젠테이션에 적합

미괄식 논리는 어떤 프레젠테이션에 가장 잘 맞을까? 문제해결을 위해 어떤 솔루션을 제안하거나 정보를 공유하기 위해 설명하는 프레젠테이션에 가장 적합하다. 문제해결형 논리는 아래와 같이 전개된다.

문제  현재의 문제를 설명하고 문제를 직시하게 한다.
원인  문제가 발생한 근본 원인을 분석한다.
대안  원인을 해소할 수 있는 대안솔루션을 제시한다.

문제해결을 위한 미괄식 논리의 예를 보자.

문제  지난 3년간 핵심인재의 퇴사율이 증가하고 있다.
원인  퇴직자 면담결과 회사 비전의 불투명성이 그 원인이다.
대안  전 임직원이 함께 하는 1박 2일 대화의 장워크숍을 제안한다.

또 다른 예를 보자.

문제  공장 직원의 야근과 주말 근무가 너무 많다는 불만이 제기되고, 가장 바쁜 4/4분기에 직원들의 퇴사가 늘어난다.
원인  노후화된 생산설비의 잦은 고장과 낮은 생산성이 가장 큰 원인인 것으로 분석된다.
대안  새로운 생산관리 시스템의 도입과 노후장비의 교체를 적극 제안한다.

**Logic** 논리

# 복합적인 그룹에
# 통하는 논리

여러 유형의 사람들이 모인 복합적인 그룹에는 특정 사람에게 맞는 방식만 고집할 수 없다. 가능한 한 모든 구성원의 특성에 맞추어야 한다. 보편적인 특성에 맞추는 것이란 바로 절충식을 말한다. 성급한 사람을 고려해서 결론을 암시하되 까다로운 사람을 예상해서 진짜 결론은 나중에 말하는 방식이다.

### 절충식과 양괄식은 별개다

절충식은 종종 양괄식과 혼동된다. 절충식과 양괄식은 엄연히 다르다. 양괄식이란 두괄식과 미괄식을 그대로 합친 것이다. 따라서 양괄식은 앞서 소개했던 두괄식의 PREP 구조에 가깝다.

절충식이 양괄식과 다른 점은 초반에 결론을 전달하는 방식이다. 만일 서두에 결론을 이야기한 다음 끝에 가서 다시 한 번 결론을 강조했다면 양괄식이다. 하지만 절충식은 초반에 결론을 암시만 할 뿐이다. 결론을 내린다기보다는 결론의 방향을 제시하는 것이다. 결론을 암시한다는 것이 구체적으로 어떤 것인지 다음의 예를 통해 확인해보자.

| 문제 | 야근과 주말근무가 너무 많다고 공장 직원들이 불만을 제기하고 있다. 설비가 노후화된 제1공장의 불만이 특히 더 심하다. 지난 4/4분기에 제1공장 직원의 퇴사가 제2공장의 1.5배였다. |
|---|---|
| 원인 | 노후된 설비의 잦은 고장과 낮은 생산성으로 야근과 주말근무까지 해도 생산목표를 달성하기 힘든 것이 주된 원인으로 분석된다. |
| 대안 | 우선 제1공장의 생산관리 시스템을 업그레이드하고 노후된 기계를 교체해줄 것을 적극 제안한다. |

# Step 5
## 논리적으로 구조화하기

1. 나의 프레젠테이션은 어떤 논리 구조를 가졌나 체크해보자.
☐ 두괄식
☐ 미괄식
☐ 절충식

2. 나의 청중 또는 고객은 어떤 특성을 지녔나? 만약 대상이 여럿이라면 가장 중요한 사람이나 중요한 인물에게 영향을 미칠 수 있는 사람은 어떤 특성을 지녔나 체크해보자. 복합적 그룹이면 특성별로 인원을 파악해보자.
☐ 깐깐한 사람
_____

☐ 성급한 사람
_____

☐ 복합적인 사람
_____
_____

3. 청중과 논리 구조의 적합도는 어느 정도인가 체크하고 평가해보자.
☐ 적합하다
_____
_____
_____

☐ 적합하지 않다 ※ 이 경우의 대책은?
_____
_____
_____

# 6 Flow

# 흐름

프레젠테이션 슬라이드들이 연결이 안 된다면 흐름이 자연스럽지 않다면 어떻게 될까? 그가 속한 회사는 곧 문을 닫을 것이다. 외부의 수주가 불가능할 테니까 말이다.

흐름이 자연스러운 프레젠테이션은 무엇보다 발표자를 돋보이게 만든다. 흐름은 마치 기계의 윤활유와 같은 역할을 한다.

**Flow 흐름**

# 자연스러운 연결의 5가지 형태

자연스럽게 연결되는 내용은 회의적인 청중마저 자연스럽게 내용을 받아들이도록 한다. 그렇다면 모든 사람에게 공통적으로 편안한 연결성이라는 것이 있을까? 있는 것이 분명하다. 연결은 여러 가지 유형으로 나누어진다.

❶ 정보의 흐름이나 일의 순서에 따르는 것이다.
❷ 시간의 순서에 따르는 것이다.
❸ 논리의 전개 순서에 따르는 것이다.

물이 흘러가듯 누구나 거부감 없이 따라가게 만드는 자연스런 연결은 많다. 하지만 전문용어로는 연결을 '흐름'이라 부르므로 여기서는 흐름이란 용어를 쓰겠다.

| | |
|---|---|
| 정보의 흐름 | 현상 진단 → 문제 발견 → 대안 제시<br>(또는 문제 발견 → 원인 분석 → 대안 제시) |
| 자원의 흐름 | 투자 → 기대 성과 → 효과 분석 |
| 일의 순서 | 계획 → 실행 → 평가 및 피드백, 사후 관리 |
| 시간의 흐름 | 과거 → 현재 → 미래 |
| 관점의 차이 | 거시적 → 중도적 → 미시적 |

이들 연결고리의 대부분은 3개의 구조로 되어 있다는 것을 발견할 수 있다. 구조가 2개도 아니고 4개도 아닌 3개인 것은 어떤 이유일까? 2개는 너무 적고, 4개는 너무 많기 때문이다. 3개는 사람들이 가장 쉽게 받아들이는 구조다. 이것이 앞에서도 설명한 '3의 법칙' 이다.

그렇다면 이러한 연결어는 프레젠테이션의 논리 전개 구조와 어떤 관계를 가지고 있는가?

`Flow` 흐름

# 깊은 물은 조용히 흐른다

깊은 물처럼 조용하게 흐르는 프레젠테이션이란 무엇인가? 궁금해질 것이다. 흐름에는 겉으로 보이는 흐름이 있고, 보이지 않는 흐름이 있다. 겉으로 보이는 흐름이란 연결어구를 써서 의도적으로 연결시키는 것을 말한다.

앞의 주제에서 예를 든 자연스러운 흐름을 따를 때 대부분은 의도적인 연결어를 필요로 하지 않는다. 예를 들어 정보의 흐름이 자연스런 경우를 보자. 문제가 되는 현상을 보여준 뒤 문제의 원인 분석으로 넘어갈 때는 이렇게 이어갈 수 있다.

"그렇다면 이런 문제가 발생한 근본적인 원인은 무엇일까요?"

원인을 분석한 뒤 대안 제시로 넘어갈 때는 다음과 같이 자연스레 이으면 된다.

"그렇다면 이런 원인을 해결할 수 있는 대안으로는 어떤 것들이 있을까요?"

결국 자연스러운 흐름을 만들려면 이처럼 연결어구의 도움이 필요하다.

**Flow** 흐름

# 흐름을 만들어주는 연결어구

흐름을 만들어주는 연결어구는 두 가지 측면을 충족시켜야 한다. 첫째는 상황에 적합해야 하고, 둘째는 다양해야 한다.

### 연결어구의 첫 번째 조건, 상황 적합성

적합성이란 마치 모자이크에 접착제를 쓰는 것과 같다. 붙일 대상에 따라서 접착제는 달라져야 한다. 세라믹과 플라스틱을 같은 접착제로 붙이지 않듯, 논리 전개의 단계에 맞게 적절히 연결시켜야 한다. 프레젠테이션의 전개 단계에 따라 적합한 연결어를 정리해보자.

| 전개 단계 | 연결어구 |
| --- | --- |
| 주제 제시 | 제가 말씀드릴 주제는~ |
| 개요 설명 | 제가 다룰 범위와 방향은~ |
| 문제 제기 | 여기에 어떤 문제가 있느냐 하면~ |
| 이유 설명 | 왜냐하면~ |
| 사례 제시 | 예를 들면~ |
| 대안 제시 | 우리의 대안은~ |
| 대안 비교검토 | 대안들을 비교 검토해보면~ |

| | |
|---|---|
| 대안의 선택 | 결국 우리가 선택할 수 있는 최적의 대안은~ |
| 반론의 억제 | 이런 반론도 있을 수 있습니다. 즉~ |
| 반론에 답변 | 타당한 의견이지만, 이런 측면을 고려하면 어떨까요. 즉~ |
| 요약과 결론 | 요약하자면~, 결론은~, 여기서 핵심은~ |
| 질문 유도 | 좋은 질문을 해주시기 바랍니다. |

### 연결어구의 두 번째 조건, 다양성

다양성이란 같은 용도에 다양한 연결어를 써서 듣기에 지루하지 않게 만들어주는 것을 말한다. 여기서 아마추어와 프로가 구분된다. 그럼에도 불구하고 항상 같은 연결어구만 사용하는 사람들이 있다. 몇 가지 예를 보자.

❶ 처음부터 끝까지 모든 말을 "~이 되겠습니다"로 끝내는 사람. 이러한 사람들은 공무원이나 공기업 쪽에 많다. 경험은 많아도 제대로 배운 적이 없거나, 잘못된 예를 보고 잘못 배운 경우다.

❷ 새 슬라이드를 시작할 때 항상 "이 슬라이드가 보여주는 것은~"이라고만 하는 사람과 영어로 프레젠테이션 하면서 "This slide shows~"만 반복하는 사람.

❸ 슬라이드를 넘길 때마다 "다음" 또는 영어로 "next"라고만 하는 사람. 누군가가 대신 슬라이드를 넘겨주던 방식이 습관으로 굳어진 경우다.

❹ 영어로 프레젠테이션 하면서 슬라이드를 넘긴 뒤 시작하는 말마다 항상 "now~"로 시작하는 사람. 듣고 있으면 마치 말하는 로보트 같은 느낌이 든다.

프레젠터는 이렇게 변화 없는 연결어를 쓰는 프레젠테이션을 따분하게 듣고 있어야 하는 청중의 고통도 헤아릴 줄 알아야 한다. 연결어구에서 프레젠터가 마지막으로 신경써야 할 것은 무엇인가? 그것은 타당성을 높이는 연결어구를 자주 쓰는 것이다.

**Flow** 흐름

# 타당성을 높여주는 연결어구

논리나 메시지의 타당성을 높이는 방법은 핵심 이슈와 주장, 문제점과 대안을 항상 연결시키는 것이다. 제아무리 논리적인 흐름이 분명하다고 해도 고객의 관점에서 들어보면 여전히 다음과 같은 의문이 마음속에 생긴다.

"그래서 어쨌단 말이야? So what?"

이런 의문을 불식시키려면 고객의 입장에서 생각해보고 수시로 다음과 같은 연결을 만들어줘야 한다.

- "이 문제의 본질은~"
- "여기서 우리가 혼동하지 말아야 할 것은~"
- "이런 논의를 하는 이유는~"
- "우리가 주목해야 할 점은~"
- "왜 이런 말씀을 드리는가 하면~"
- "제 말의 핵심은~"
- "여기서 우리가 간과하지 말아야 할 것은~"
- "아직도 이런 의문을 가질 수 있습니다. 즉~"

연결이란 말은 대부분의 프레젠터에게 아직 낯선 개념일 것이다. 경험 많은 사람조차 아직 이 문제를 초월하지는 못한 것이 현실이다. 만약 누가 아마추어 프레젠터와 프로의 차이를 하나만 들라면, 나는 '흐름의 자연스러움'을 든다. 그만큼 흐름은 중요하다. 흐름이 자연스러우면 거부당할 만한 논리까지 먹혀들어 가는 경우가 많다. 이것이 한국적 현실이다.

# Step 6
## 나만의 연결어구 선정하기

1. 사람들마다 자주 쓰는 연결어구가 있다. 다음의 전개 단계별로 나에게 익숙한 것이나 편한 연결어를 찾아본다. 앞에서 예시한 것을 참고해서 나만의 것을 만들어도 좋다. 용도별로 2~3개를 정해서 집중적으로 익히는 것이 좋다.

| 전개 단계 | 연결어구 |
| --- | --- |
| 주제 제시 | |
| 개요 설명 | |
| 문제 제기 | |
| 이유 설명 | |
| 사례 제시 | |
| 대안 제시 | |
| 대안 비교검토 | |
| 대안의 선택 | |
| 반론의 억제 | |
| 반론에 답변 | |
| 요약과 결론 | |
| 질문 유도 | |

2. 타당성을 높이고 주제와 말을 연결시키기 위해 내가 자주 쓰는 연결어구는? 만약 없다면 나만의 스타일을 만들어본다.

6

7

8

9

10

*Proof*

# Proof
# 논거

프레젠테이션은 논리의 싸움이라고 흔히 말한다. 논리의 대결에서 승패를 가르는 것은 메시지가 아니라 논거<sub>논리적 근거</sub>다. 왜냐하면 나름대로의 논리를 들이대기는 쉽지만, 자신의 논리를 입증할 객관적인 근거, 즉 논거를 확보하는 일은 결코 쉽지 않기 때문이다.

**Proof** 논거

# 설득을 완성하는 최후의 보루, 논거와 증거

프레젠테이션의 성공이 설득력에 달렸다면, 설득력의 생명은 논거와 증거에 달렸다. 논거proof와 증거evidence는 엄밀히 말해서 다른 것이다. 그런데 사람들은 혼용하는 경우가 많다. 논거와 증거는 어떻게 다른가.

논거란 입증이 필요한 것을 말하는 반면, 증거란 입증이 필요치 않은 것을 말한다. 따라서 논거의 입증 책임은 내게 있지만, 증거는 이미 스스로 자명하므로 누구에게도 입증의 책임이 없다.

다이어트를 예로 들면 이렇다. 표준체중을 많이 초과한 사람에게 지방을 많이 섭취했기 때문이라고 말한다면 지방 섭취와 체중 증가의 인과관계를 입증해야 하는 것이므로 논거에 해당한다. 입증 책임은 주장을 하는 사람에게 있다. 반면 체지방 분석결과가 허용치를 초과한 지방분포를 보인다면, 이 분석결과는 입증이 필요치 않은 명백한 증거가 된다. 그러면 어떤 증거가 좋은 증거일까? 홈쇼핑에서 주방기구 판매사례를 분석해보자.

### 첫째, 고객을 가르치려 하지 않는다

주방기구의 특장점을 이론적으로 설명하려 한다면 어떻게 될까? 고객은 싫어할 것이다. 대부분의 소비자는 가르치려드는 사람을 싫어한다. 지긋지긋했던 교실수업으로 충분했다고 여기기 때문이다. 따라서 이론적인 설명보다는 고객이 눈으로 보고 느끼게 하는 것이 효과적이다.

### 둘째, 하이라이트만 반복적으로 보여준다

만약 쇼호스트가 재료를 다듬는 장면과 물을 끓이는 장면까지 여과 없이 보여준다면 어떻게 될까? 지루해서 채널을 돌려버릴 것이다. 모든 준비과정은 생략하고 하이라이트만 반복적으로 보여주기 때문에 고객은 지갑을 열지 않을 수 없다. 핵심만 반복하는 효과는 이처럼 강하다.

### 셋째, 적절한 타이밍에 보여준다

요리기구를 파는 프로그램은 어느 시간대에 편성될까? 저녁식사시간 직전이다. 만약 식사시간 이후라면 어떻게 될까? 이미 배가 부른 잠재 고객은 관심조차 주지 않을 것이다. 배가 고파야 먹을 것이 눈에 들어온다.

신뢰도 높은 논거를 만들려면 고객의 입장에서 생각해보고 전략적으로 기획하는 것이 필요하다. 몇 가지 논거 전략을 소개한다.

## Proof 논거
# 의견이 아닌 사실 fact 로 말하라

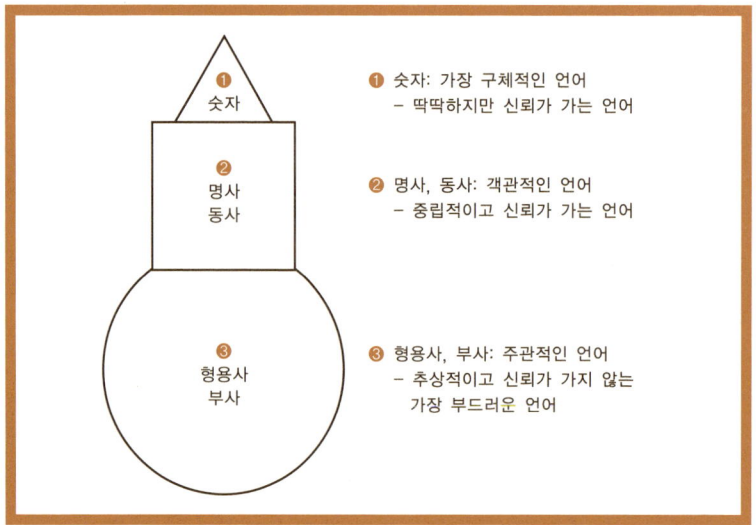

언어의 객관성에는 여러 층위가 있다. 세 계층으로 나눈다면 가장 위에는 숫자가 놓일 것이고, 그 아래는 명사와 동사, 가장 바닥에는 형용사와 부사가 자리할 것이다.

다국적 기업의 임원으로 근무하면서 나는 많은 프레젠테이션을 경험했다. 외주 파트너사들의 프레젠테이션, 입찰 제안사들의 프레젠테이션, 부하직원들의 업무보고 등 다양한 프레젠테이션을 들었다. 외주업체나 부하직원의 발표를 듣고 제일 고민스러웠던 것은 사실과 의견 구분하기였다. 대체 어디까지가 사실이고 어느 것이 의견인지 구분하기가 여간 어렵지 않았다. 왜냐하면 많은 외주사들과 부하직원들은 사실이 아닌 것도 마치 사실인 것처럼 포장해서 보고하기 때문이다. 이런 경우 갑의 입장에서 또는 상사로서 "어디까지가 사실인가요?" 하고 묻는 것은 쉽지 않은 일이다. 보고자의 신뢰도를 의심하는 인상을 주기 때문이다.

### 사실성을 살리는 전략

사실적으로 말하는 가장 이상적인 방법은 뭘까? 그 방법은 의외로 간단하다. 숫자로 표현이 가능한 것은 숫자로 표현하고, 가능하면 명사나 동사를 많이 쓰고, 형용사나 부사는 쓰지 않으면 된다. 더욱 적극적으로 객관성을 살리려면 다음과 같은 연결어구를 쓰는 것이 좋다.

- 사실을 말할 때: "확인된 사실은~", "제가 확인한 것은~"
- 분석된 결과를 말할 때: "이 데이터를 분석하면~", "분석 결과는~"
- 유추해서 말할 때: "여기서 유추할 수 있는 것은~"
- 의견을 말할 때: "제 의견은~", "~라고 생각합니다."

### 습관적인 말 걷어내기

영어 프레젠테이션일 경우 많은 청중은 프레젠터가 수시로 반복하는 퀄리파이어qualifier❸들 때문에 혼란스러워한다. 대표적인 예들은 다음과 같다.

- "Actually~ 사실은~"
- "I think~ 제 생각에는~"
- "In my opinion~ 제 견해로는~"

대부분의 경우 이러한 말들은 군더더기에 지나지 않는다. 한글 프레젠테이션에서도 마찬가지다. 습관적으로 쓰는 이런 말들이 발표자를 자신없어 보이게 만든다. 지나치게 자신을 낮추는 말을 걷어내었다면 이번에는 객관적인 증거가 가진 힘을 활용해 보도록 하자.

**Proof** 논거

# 주장이 아닌
# 자명한 증거로 말하라

    법정의 싸움이 증거 싸움이듯 설득전도 증거 확보 싸움에 다름 아니다. 뒤집을 수 없는 증거만 있다면 목소리를 높일 필요가 없다. 결론이 자명<sub>self-evident</sub>할 때는 내가 결론을 내리지 않고 목소리를 낮출수록, 오히려 더 강한 설득력을 지니기 때문이다.

    재판에서 결정적인 단서를 쥐고 있는 변호사는 절대 처음부터 그것을 내어놓지 않는다. 상대방 변호사가 모든 주장과 논거를 들이대도록 허락한 다음, 결정적인 증거 하나로 뒤집기를 한다. 이때 변호사는 목소리조차 높이지 않는다. 쿨하게 두 마디만 던진다. 길면 오히려 역효과다.

    "이제 판단은 배심원 여러분들의 몫입니다. 저는 여러분의 현명한 판단을 믿습니다."

    법정 시리즈의 명장면은 대개 이렇게 마무리된다.

법정영화 〈살인의 해부Anatomy of a Murder, 1959〉 한 장면.
결정적 단서를 가진 사람은
목소리를 높이지 않는다.
반전은 조용히 일어나게 한다.

**Proof** 논거

# 설득력을 지닌 논거를 활용하라

논거는 다양하다. 그것들의 효력도 각각 다르다. 논거의 가치는 일반적으로 타당도과 희소성에 의해서 결정된다. 타당도가 높은 논거란 이론異論이 들어갈 여지가 없는, 즉 상관관계가 아니라 인과관계가 입증되는 것을 말한다.

반면 희소성은 어디에나 널려있는 것이 아닌 것을 말한다. 그 예로 자신이 직접 실험을 해 보이는 것을 들 수 있다. 가장 설득력이 높은 순서대로 나열하자면 다음과 같다. 가능하면 상위의 논거를 동원하려는 노력이 필요하다.

**설득력 있는 논거들**
❶ 현장 데모 demo
❷ 권위 있는 기관의 실험/연구결과
❸ 권위 있는 저널이나 책의 내용 인용
❹ 권위자의 말 인용
❺ 권위 있는 기관의 통계적 발표
❻ 매스컴의 보도 특히 한국에서 언론의 영향력은 막대함
❼ 다른 사용자의 평가나 사용 후기

**❽ 기술적 우수성을 나타낸 사양서**|specification

위에서 '현장 데모'를 제외한 7가지를 활용할 때 특히 명심할 것이 있다. 바로 '출처 확인'이다. 인터넷 검색이 숨 쉬는 것만큼이나 쉬워진 요즘, 자료의 무분별한 'copy & paste복사해서 붙이기'로 출처가 잘못 기재되는 경우가 종종 있다. 아무리 드라마틱한 논거라도 출처가 확실치 않다면 과감히 버리는 것이 현명하다.

이상에서 우리는 3가지를 학습했다. 이것만은 기억하자.
첫째, 설득력을 높이려면 논리적인 전개가 필요하다.
둘째, 논리력은 논거와 증거가 좌우한다.
셋째, 가장 확실한 논거는 직접 눈으로 보여주는 것이다.

# Step 7
## 설득력 있는 논거를 찾고 평가하기

1. 나의 프레젠테이션에서 주장과 근거는 어느 정도 일치하나? 주장을 지지할 근거는 여러 개일수록 바람직하다.

주장 1: _____
    논거 1: _____
                                      ☐상 ☐중 ☐하
    논거 2: _____
                                      ☐상 ☐중 ☐하

주장 2: _____
    논거 1: _____
                                      ☐상 ☐중 ☐하
    논거 2: _____
                                      ☐상 ☐중 ☐하

주장 3: _____
    논거 1: _____
                                      ☐상 ☐중 ☐하
    논거 2: _____
                                      ☐상 ☐중 ☐하

2. 활용된 논거들의 타당도와 신뢰도를 평가해보자. 위의 표에서 각각의 논거를 상, 중, 하로 평가해본다.

7
# 8
9
10
11

*Narrative*

# Narrative
# 화법

옛날이야기나 신화가 대대로 이어지는 것이나, 연속극이나 명화가 사람들의 관심을 온통 사로잡는 힘은 어디서 나올까. 바로 화법<sub>내러티브</sub>에서 나온다. 내러티브<sub>narrative</sub>란 단순한 메시지에 생명력을 더하는 스토리 구조를 말한다. "먼 옛날~"로 시작해서 "그런데 안타깝게도~"로 바뀌었다가 "마침내 주인공은~"으로 끝난다. 그 단순함 속에 우리를 끌어들이는 뭔가가 있다.

> Narrative 화법

# 성공한 드라마에는
# 뭔가 특별한 것이 있다

최고의 시청률을 자랑하는 드라마는 무엇이 다른가? 베스트셀러 소설은 어떻게 다른가? 최고의 뮤지컬은 어떻게 다른가? 서로 장르는 다르더라도 성공한 작품들이 가진 공통점은 하나다. 바로 성공의 내러티브가 있다는 것이다. 성공의 내러티브란 무엇인지 알아보자.

성공한 드라마의 요건으로 가장 중요한 것은 대비효과와 반전 효과다. 대비와 반전이 빛을 발하려면 대비는 선명할수록, 반전은 의외성이 높을수록 좋다. 즉 선명성과 의외성이 성공을 결정하는 것이다. 소위 '막장 드라마'라고 불리는 인기 드라마들은 하나같이 대비와 반전을 극대화한 것들이다. 선과 악의 대비가 선명하게 드러나고 예상치 못한 반전들로 채워진다.

프레젠테이션에서도 적절한 대비와 반전은 청중의 관심을 끌어들이는 데 효과적이다. 그렇다면 프레젠테이션에서 대비와 반전은 어떻게 만들어지고 활용될 수 있을까?

### 대비시키는 방법

대비의 가장 극명한 예는 'pain & gain'이다. 우리 제품을 사용하지 않는 사람들이 겪는 불편함pain과 우리 제품을 사용하는 집단이 경험하는 삶의 여유와 풍요로움gain을 대비시키면 사람들은 지갑을 열게 된다.

### 반전시키는 방법

반전의 가장 좋은 예는 부정적인 단서를 먼저 제시한 뒤 반전시키는 것이다. 예를 들면 다음과 같다.

"우리 회사의 컴퓨터가 할 수 있는 작업은 그리 많지 않습니다. 그러나 우리 컴퓨터가 할 수 있는 그래픽 작업만큼은 세상의 어떤 컴퓨터보다도 뛰어납니다."

또 다른 예를 보자.

"우리 회사는 규모가 크지 않습니다. 우리 회사는 역사도 그리 길지 않습니다. 그러나 우리가 만드는 수술용 실은 세계적으로 가장 높은 시장점유율을 가지고 있고, 업계 1위 기업의 위치를 가장 오래 유지해왔습니다. 우리 회사의 역사가 바로 수술용 실의 역사입니다."

프레젠테이션 전체가 대비와 반전으로 채워진다면 어떨까? 말하는 사람은 신나겠지만 듣는 사람은 마치 끝이 없는 롤러코스터에 탄 듯 어지러울 것이다. 대비와 반전은 양념처럼 그것도 결정적인 순간에 써야 한다. 양념이 너무 많으면 요리 본연의 맛을 사라지게 하지만 적당하면 요리의 맛을 한층 돋우는 원리와 같다.

**Narrative** 화법

# 기호학에 기초한 스토리텔링 기법

먹혀드는 스토리텔링을 위해서 우리가 참고해야 할 것은 신화나 고전이다. 신화나 고전이 오랜 생명력을 지닌 이유는 스토리의 구조 때문이다. 기호학에서는 이러한 구조를 '갈등―전개―해소'라고 부르는데 한마디로 사람들의 가슴을 울리는 구조다. 아래에 이어지는 전개 구조는 모든 스토리의 기본인 외형적 구조다. 두 가지 예를 보자.

❶ **초반의 갈등** 까칠한 상사 때문에 매일 혼자 야근을 하는 등 비인간적인 대우를 받는 착한 부하가 있다.

❷ **중반의 전개** 이 부하는 상사의 온갖 부당한 대우를 묵묵히 참고 견디며 주어진 일에만 열중한다.

❸ **종반의 갈등 해소** 덕분에 이 부하의 역량이 몰라보게 개발되어 오너의 눈에 띄게 되고 창업자의 무남독녀와 결혼한다. 사장의 후계자가 되었을 때 예전의 까칠하던 상사가 그의 부하가 된다.

전통적인 스토리는 이렇게 해피엔딩이라는 내면구조를 가진다. 이런 구조로 스토리를 짜야 메시지가 먹힌다. 우리 기억에서 잊혀진 '우지라면' 사건을 예로 들어보자.

❶ **초반의 갈등** 우지라면은 라면을 튀길 때 공업용 쇠기름을 사용하여 만든 것을 말한다. 식물성기름으로는 채산성을 맞출 수 없기 때문에 라면회사들이 식물성기름이 아니라 쇠기름을 사용한 것이다.

❷ **중반의 전개** 다른 회사들이 채산성을 이유로 쇠기름을 사용할 때 우직하게 식물성기름만을 고집한 회사가 있었다. 이 회사는 정직하게 라면을 만들었지만 다른 경쟁사들이 편법을 썼기 때문에 경쟁력이 떨어져 고전을 면치 못하고 있었다.

❸ **종반의 갈등 해소** 그러던 어느 날 라면회사들이 감추고 싶어 하는 진실이 언론에 공개되어버렸다. 그 결과 고전하던 회사는 '믿을 수 있는 회사'가 되었고, 잘나가던 회사는 '믿지 못할 회사'가 되어 상황이 역전되었다.

화법이란 이야기 구조 외에도 수사법적인 기교가 필요한데, 단지 주어만 바꾸어도 느낌이 어떻게 달라지는지 살펴보자.

## Narrative 화법
# 사람의 마음을 사는 화법

　화법을 통해서 전달되는 '정서emotion'는 결국 전달하는 사람과 전달받는 사람을 인간적으로 연결해주는 '고리' 역할을 한다. 가장 좋은 정서적 연결고리는 자신의 경험을 얘기하는 것과, 듣는 사람에게 공을 넘기는 화법이다.
　사적인 경험이 배제된 이론이나 기계적인 데이터 중심의 설명으로는 사람들의 속마음을 얻지 못한다.

### 상대가 이야기의 주체가 되게 하라
　상대에게 공을 넘기는 방법은 주어를 '나'에서 '당신'으로 바꾸는 화법이다. 예를 들면 "제가 이제 놀라운 장면을 보여드리겠습니다" 보다는 "여러분들은 이제 놀랄 만한 장면을 보시게 됩니다" 같은 것이다. 다양한 예를 보자.

### 사례 1: 새로운 식품 런칭
　"여러분이 맛보실 이 스낵은 매우 낯선 맛일 것입니다. 그러나 이 맛을 느낄 수 있다면 여러분이야말로 뿌리부터 한국인입니다. 여러분의 평가를 기다립니다."

⇨ "우리가 만든 이 신제품은~"으로 시작하지 않았다.

### 사례 2: 노트북 신제품 출시

"여러분이 만약 이 컴퓨터를 들고 고객 회사의 경쟁 프레젠테이션에 참여한다면 여러분은 컴퓨터 하나만으로도 이미 시대를 앞서가는 사람으로 평가받을 것입니다. 이제 여러분이 써보실 차례입니다."

⇨ "우리 회사가 출시한 이 신제품으로 말할 것 같으면~"으로 시작하지 않았다.

### 사례 3: 외제차 판매원의 설명

"사장님이 만약 이 차를 타고 특급호텔에 가신다면 어느 호텔이든 최고로 좋은 주차공간을 내줄 것입니다. 사장님의 차로 인해 호텔이 한층 돋보일 것이기 때문입니다."

⇨ "이번에 출시한 이 모델은 연비가 매우 우수하고~"로 시작하지 않는다.

관점의 전환, 즉 주어를 '나'에서 '당신'으로 바꾸는 작업은 결코 쉽지 않다. 상대의 입장을 논리적으로 이해하고 정서적으로 공감할 때 비로소 가능해진다.

하지만 아무리 어려워도 상대를 설득하고 싶다면 꼭 해야 하는 것이 관점의 전환이다. 그렇지 않으면 결국 청중으로부터 똑같은 대답을 듣게 될 것이다. 그 대답은 무엇일까?

바로 "So what?그래서 뭐?" 이다.

2장에서 우리는 고객을 설득시키기 위한 최적의 구조를 살펴보았다. 그 핵심을 요약하자면 3가지다.

첫째, 프레젠테이션은 논리의 싸움인 경우가 많고 이 경우에는 논거가 논리 못지 않게 중요해진다.

둘째, 설득력을 살리려면 물흐르듯 자연스럽게 내용이 연결되어야 한다.

셋째, 청중에게 기억되려면 성공적인 화법구조를 가져야 한다.

# Step 8
# 성공하는 내러티브 다듬기

1. 프레젠테이션에서 나는 어떤 화법을 쓰고 있는지 분석해본다.
   ❶ 프레젠테이션 내용에 어떤 대비가 숨어있나? 이것이 없다면 맥 빠진 프레젠테이션이 된다.
   _____
   _____

   ❷ 프레젠테이션 안에 어떤 반전이 숨어 있나?
   _____
   _____

   ❸ 기억될 만한 스토리로 무엇을 준비했나? 청중은 스토리만 기억하는 경우가 많다.
   _____
   _____

   ❹ 얼마나 많은 2인칭을 쓰고 있나?
   _____
   _____

2. 내러티브가 단조롭다면 어떻게 해야 재미를 더할 수 있을까. 대비와 반전, 스토리를 연구해보자.
   _____
   _____
   _____
   _____

# Case study
## POSST™ 모델과 프레젠테이션 기획

나는 프레젠테이션을 기획할 때 언제나 POSST™모델을 사용한다. 책을 기획할 때도 이 모델을 이용한다. 복잡한 생각을 체계화하는 시간을 단축시켜주기 때문이다.

| POSST™ 단계 | 핵심단어 | 구성 내용 |
|---|---|---|
| Punch-line | 유비쿼터스 | 프랍 + 손 안의 유비쿼터스 세상 |
| Overview | 1. 정보<br>2. 오락<br>3. 관계 | 1. 손 안의 컴퓨터<br>2. 손 안의 게임기+음향기기<br>3. 소셜 네트워크 형성 |
| Story-line | 1. 정보접근성 | 논리: "Work smart"<br>논거: 정보검색 편의성<br>　　　이메일 접근성, 응답성<br>　　　메모리 확장성 |
| | 2. 질적 오락 | 논리: "Relax smart"<br>논거: 나만의 뮤직 박스<br>　　　나만의 게임기<br>　　　나만의 멀티미디어 |
| | 3. 네트워크 | 논리: "Relate smart"<br>논거: 트위터 이용<br>　　　Social connectivity<br>　　　질적 인맥 형성 |
| Summary | 성공 + 행복 | 1. 구름 위의 사무실<br>2. 휴식과 업무 능률<br>3. 일과 삶의 균형 |
| Touch-line | 정보 웰빙 | 유비쿼터스 세상의 얼리어댑터 |

### POSST™ 단계별 프레젠테이션 계획

계획하는 순서가 물리적인 순서와 다른 이유는 무엇일까? 그 이유는 같은 성격의 내용을 함께 계획해야 일관성이 유지되기 때문이다.

**짝을 이루어 동시에 계획해야 할 부분들**
1단계: 처음Punch-line과 끝Touch-line
2단계: 개요Overview와 요약Summary
3단계: 3개의 스토리 내용이 개요와 연계되게 한다.

#### 1. Punch-line
최신 스마트폰을 보여주며 "유비쿼터스 세상이 내 손 안에."

#### 1-1. Touch-line
다시 스마트폰을 보이며 "유비쿼터스 세상의 얼리어댑터가 되자."

#### 2. Overview
스마트폰 하나로 현대인의 핵심단어인 "정보접근성, 질적 오락 향유, 질적 관계 형성"을 모두 달성 가능하다.

#### 2-1. Summary
성공과 행복은 결국 '일의 능률, 질적 오락, 일과 삶의 균형'에 의해 달성 가능하다.

3. Story-line

정보접근성: "Work hard 보다 Work smart"
- 중요 이메일 발송 후 2시간 내에 응답이 없으면 스마트하게 일하지 못한다는 평가를 받는 것이 현대사회의 특성이다.
- 프레젠테이션과 발표도 스마트폰 하나로 해결한다.

질적 오락: "Relax smart"
- 휴식의 질이 업무능률을 좌우한다.
- 별도의 MP3플레이어가 불필요한 음질과 플레이 리스트
- 개인용 게임기 + 소셜 게임

네트워크: "Relate smart"
- 인맥의 질이 성공과 행복의 관건이다.
- 혼자 놀기보다 함께 놀아야 성공한다.
- "당신의 트위터에는 몇 명의 팔로우어가 있습니까?"

4. 예상 질문과 응답

가능한 질문의 리스트 업과 답변의 포인트를 준비한다.
질문이 없을 때를 대비해 "유비쿼터스 세상은 이미 우리 생활의 일부"라는 마무리 멘트를 준비한다.

# 3장.
# 고객을 몰입시키는 전달 기술

## Differentiated Delivery

엄선된 재료와 최고의 레시피만으로 요리가 완성되는 것은 아니다. 조리하는 과정이 반드시 필요하다. 같은 이치로 차별화된 내용이라도 전달력이 없다면 결코 성공하지 못한다.

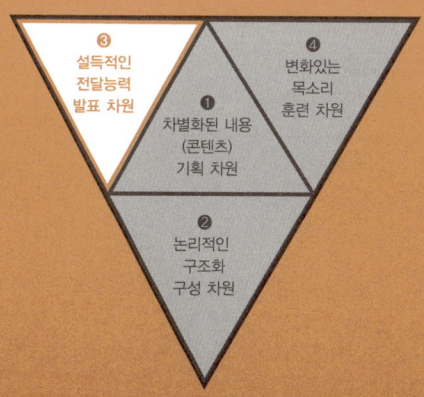

8

9

10
11
12

*Passion*

# Passion
# 열정

열정만큼 많은 별명을 가진 능력은 없다. 에너지, 적극성, 몰입, 집중 등 많은 유사 개념이 있다. 열정이 다른 단어에 비해서 특별한 이유는 이것이 진정한 성공자와 그렇지 못한 사람을 갈라놓는 시금석이 되기 때문이다. 그렇다면 열정은 프레젠테이션에서 어떤 역할을 하기에 성공의 밑거름이 되는 걸까?

## Passion 열정
# 논리만으로 속마음을 움직일 수 없다면…

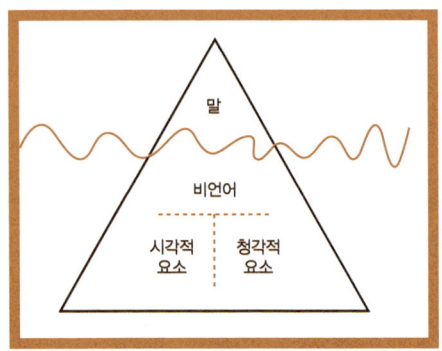

논리적인 말은 프레젠테이션의 기본에 불과하다. 머리에 어필하는 논리가 중요하기는 하지만 비언어적으로 전달되는 열정이 빠진다면 가슴을 움직이는 프레젠테이션은 불가능해진다.

### 수면 아래의 비언어적인 요소들

비언어적인 것들이란 무엇인가. 커뮤니케이션에서 말을 제외한 모든 부분이다. 비언어적인 요소는 크게 2개의 축으로 나눌 수 있다. 눈빛부터 시작해서 얼굴 표정, 손짓, 몸짓, 서거나 앉는 자세 등의 '바디랭귀지body language', 즉 시각적인 부분이 한 축이다. 또 다른 축은 목소리와 관련된 청각적인 부분이다. 목소리의 고저강약, 말의 빠르기, 포즈pause와 같은 것들이 포함된다.

### 논리와 비언어적인 메시지는 서로 일치해야 한다

위와 같은 여러 요소들이 힘을 모아서 정서적인 교감을 촉진시키기도 하고 반대로 교감을 방해하기도 한다. 따라서 자신의 논리에 맞게 비언어적인 메시지도 일치alignment 시키는 노력이 필요하다. 마치 자동차의 바퀴들을 서로 일치시키는 것과 같은 맥락이다.

무엇보다 중요한 사실은, 열정이 비언어적인 요소를 통해서 전달된다는 점이다. 그렇다면 열정을 보여주기 위해서는 구체적으로 무엇을 어떻게 해야 할까? 목소리, 눈맞춤, 제스처와 자세, 공간 활용 등 각각에 대해서 심층적으로 탐구해보자.

**Passion** 열정

# 열정의 분화구, 목소리

열정이 실린 목소리에는 호소력이 있다. 그렇다면 호소력 있는 목소리의 조건은 무엇인가. 다음 두 가지 특징을 갖춘다면 호소력 있는 목소리라고 말할 수 있다.

### 첫째, 울림이 있어야 한다

울림 있는 목소리는 깊은 호흡과 올바른 자세에서 나온다. 하루 종일 모니터를 바라봐야 하는 직장인이나 책상 앞에 앉아 있어야 하는 학생이라면 자라목<sub>자라나 거북처럼 목을 앞으로 길게 빼고 턱은 들린 자세</sub>에 움츠러든 어깨 모양을 하게 된다. 이런 자세에서는 숨도 얕아지고 울림 있는 소리가 나오기 어렵다.

자세만 바르게 교정해도 호흡이 깊어지고 목소리에 울림이 생겨난다. 평소에 의식적으로 기지개를 펴듯 가슴과 어깨를 활짝 열되 턱을 몸 쪽으로 당겨 자세를 교정해주는 것이 가장 좋은 방법이다.

### 둘째, 깊이가 있어야 한다

고·중·저음역대 소리가 고루 섞여 있을 때 목소리에 깊이가 있다고 한다. 목소리의 깊이는 타고나지만 훈련으로도 달라질 수 있다. 시종일관 높은 음역대만을 사용하여 말하면 청중에게 상냥한 인상은 주겠지만 청중의 귀를 쉬이 피로하게 만든다. 반면 낮은 음역대만을 사용하면 안정감은 전달되어도 졸음이 오게 만든다.

평소에 말하는 톤이 단조롭다고 스스로 생각했다면 다음에 소개하는 훈련 방법을 꾸준히 반복해보길 권한다.

### 고저강약을 살리는 목소리 훈련법

'나는 날마다 모든 면에서 더욱더 좋아지고 있다'는 문장을 소리 내어 읽되 밑줄 친 부분을 강조해서 읽어본다. 단, 주의할 것은 강조 전에 도움닫기를 해야 한다는 점이다. 예를 들어 아래 ❺번 문장에서 '좋아지고 있다'를 강조하려면 바로 앞의 '더욱더'에서부터 끌어 올려야 한다.

❶ <u>나는</u> 날마다 모든 면에서 더욱더 좋아지고 있다.
❷ 나는 <u>날마다</u> 모든 면에서 더욱더 좋아지고 있다.
❸ 나는 날마다 <u>모든 면에서</u> 더욱더 좋아지고 있다.
❹ 나는 날마다 모든 면에서 <u>더욱더</u> 좋아지고 있다.
❺ 나는 날마다 모든 면에서 더욱더 <u>좋아지고 있다</u>.

목소리는 한국형 프레젠테이션에서 매우 중요하므로 4장 목소리 편에서 더 자세히 다룬다.

## Passion 열정
# 열정을 쏘는 레이저빔, 눈빛

강렬한 눈빛과 역동적인 제스처, 앞으로 살짝 기울인 상체, 한 곳에 고정되어 있지 않고 좌우를 자유롭게 오가는 공간 활용, 이 모든 것을 통해 프레젠터의 열정은 전달된다.

우선 눈빛부터 시작해보자. 강렬한 눈빛으로 청중을 사로잡기 위해서는 청중과 눈을 똑바로 맞추어야 한다는 건 누구나 안다. 그런데 말처럼 쉽지 않은 게 눈맞춤이다. 특히 성격이 내향형이라면 눈맞춤을 불편하다고 느낄 가능성이 크다. 우리나라 사람 절반 이상이 내향형으로 타고난다는 점을 고려한다면 눈맞춤은 결코 쉬운 일이 아니다.

### 외향형이 특별히 주의해야 할 눈맞춤 공식

한편, 내향형의 반대쪽에 있는 외향형은 다른 특성을 보인다. 마치 '내 얘기를 듣고 있는거야?' 라며 모든 청중이 자신의 이야기에 집중하고 있는지 확인하듯 모두를 바라보려 한다. 그래서 그들의 시선은 상대방과 채 닿기도 전에 옆으로 이동한다. 결국 눈을 맞춘다는 느낌보다 스캐닝 scanning 하듯 스쳐 지나간다는 느낌을 주기 쉽다.

따라서 외향형이라면 템포를 늦추어 한 사람 한 사람과 분명히 눈을 맞추는 훈련이 필요하다. 한 사람과 눈을 맞추는 단위는 단문을 기준으로 한 문장이 무난하다. 눈맞춤이 지나치게 강하면 오히려 역효과를 낸다. 시선을 옮기는 타이밍도 중요하다. 문장의 중간이 아니라 문장을 끝내고 나서 시선을 옮기는 것이 자연스럽다. 만일 복문이라면 단문이 연결되는 지점에서 이동하는 것이 좋다.

### 내향형의 눈맞춤 훈련법 3단계

만일 눈을 맞추는 것이 너무 어색하다면 다음 3단계를 통해 눈맞춤을 훈련하는 것이 효과적이다.

- 1단계 인형 3개를 청중의 눈높이에 배치하여 인형의 눈을 차례대로 바라보는 훈련을 한다. 인형의 눈을 바라보는 것이 익숙해지면 2단계로 넘어간다.
- 2단계 가까운 친구나 가족 중 세 사람을 앞에 모셔 두고 눈맞춤을 연습한다. 2단계가 익숙해지면 3단계로 넘어간다.
- 3단계 낯선 사람들을 앞에 두고 눈맞춤을 연습한다.

### 훈련 없이도 강렬한 눈맞춤을 하는 비결

심한 내향형이라도 강렬한 눈빛을 청중에게 보여줄 수 있을 때가 있다. 바로 메시지에 강한 확신을 갖고 있을 때다. 따라서 눈맞춤 훈련도 필요하지만 내용의 숙지도 중요하다.

`Passion` 열정

# 사진으로 보는
# 카리스마 제스처

역동적인 제스처는 열정을 전달하는 좋은 수단이다. 그러나 결코 제스처의 본래 목적을 간과해선 안 된다.

제스처를 쓰는 주목적은 메시지를 강조하기 위해서다. 메시지가 강조되려면 말과 제스처가 일치되어야 한다. 말과 일치하지 않는 제스처는 오히려 산만한 인상을 준다.

제스처는 눈맞춤과 마찬가지로 문화적으로 민감할 수 있다. 매우 보수적인 조직에서는 역동적인 제스처가 열정적으로 보이기보다는 부산한 것으로 보일 수 있는 것이다. 그러나 보편적으로 대부분의 조직에서는 실보다는 득이 훨씬 더 많다.

메시지를 강조하면서도 열정을 전달할 수 있는 제스처는 어떤 것들이 있을까? 또 하지 말아야 할 제스처는 무엇이 있을까? 두 손에 무엇을 들었는가에 따라 3가지 상황으로 나누어 살펴보자.

## ⅠⅠⅠⅠⅠ 두 손을 자유롭게 사용하는 경우

▶ 제스처를 어떻게 사용할 것인가보다 먼저 생각해야 할 것은 제스처를 사용하지 않을 때 두 손을 어디에 두어야 하는가다. 과연 어디에 두는 것이 좋을까? 반드시 피해야 할 위치부터 살펴보자. 사진의 프리킥 자세는 자신감이 없어 보이므로 피해야 한다.

▶ 여성의 프리킥 자세는 손님을 맞이하는 자리에서 대기할 때 흔히 사용된다. 그러나 프레젠테이션에서는 바람직하지 않다. 여성스럽기는 하지만 프레젠터로서 보여주어야 할 자신감이 보이지 않기 때문이다.

▶ 뒷짐 지기는 오만해 보이거나 지나치게 보수적으로 보이게 만든다.

▶ 한 손이든 두 손이든 주머니에 손을 넣으면 건방져 보인다.

▶ 손을 어디에 두어야 할지 몰라 겨드랑이에 낀 자세다. 어색하고 답답해 보인다.

▶ 제스처를 쓰지 않을 때 두 손은 사진과 같은 위치에 두는 것이 바람직하다. 다음 제스처로 연결하기 가장 좋은 위치이기 때문이다. 제스처의 기본자세이므로 반드시 몸에 익혀두자. 이 제스처에서 다른 제스처로 이어가는 동작을 다음 사진을 보며 연습해보자.
이러한 기본자세에서는 긴장에서 오는 불필요한 동작들, 예를 들면 손 비비기, 손가락 꺾기, 손 만지작 거리기 등을 방지할 수 있다.

▶ 앞쪽에서 본 제스처의 기본자세에서 오픈 제스처로 이어지는 2단계다.

▶ 오픈 제스처로 이어진 최종 3단계다. 청중의 규모가 커질수록 오픈 제스처의 크기도 동시에 커져야 한다.

▶ 성장을 표현할 때는 한 손을 기준으로 삼고 다른 한 손을 움직인다. 움직이는 손을 우측보다 좌측이 바람직하다. 이처럼 청중의 시각에서 제스처를 구사할 수 있다면 진정한 프로다.

▶ 성장을 표현하는 2단계

▶ 성장을 표현하는 3단계

▶ 제스처의 기본자세에서 시작하여 확장을 표현하는 제스처를 취해보자. 이때는 양손을 모두 움직이는 것이 좋다.

▶ 확장을 표현하는 제스처 2단계

▶ 확장을 표현하는 제스처 3단계

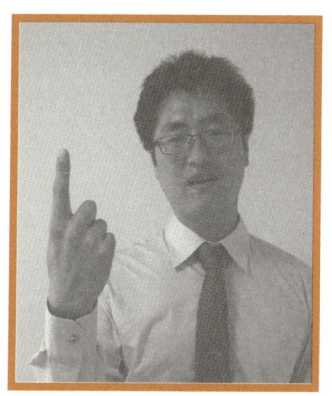

▶ 숫자를 세는 나쁜 예 1단계
청중이 많을 경우에는 손가락이 잘 보이지 않고, 잘못하면 욕하는 인상을 줄 위험도 있다.

▶ 숫자를 세는 나쁜 예 2단계

▶ 숫자를 세는 나쁜 예 3단계

▶ 숫자를 세는 좋은 예 1단계
동작이 크고 힘이 있어서 청중의 규모나 장소가 큰 경우에 가장 잘 어울린다.

▶ 숫자를 세는 좋은 예 2단계

▶ 숫자를 세는 좋은 예 3단계
각 단계에서 손은 어깨 높이까지 올렸다가 자연스럽게 내려 찍어야 한다. 힘을 빼고 찍는 것이 요령이다.

▶ 청중 한 사람을 지목할 때 사용하는 제스처. 손가락질을 하지 않도록 해야 한다.

▶ 청중이 무언가를 상상하도록 유도하며 말할 때 사용하는 제스처. 독백을 할 때도 유용한 제스처다.

▶ 강연대를 쓰는 경우 긴장해서 자신도 모르게 강연대를 두 손으로 꽉 붙잡고 말하는 장면을 흔히 볼 수 있다. 경직되어 보이고 제스처도 사용할 수 없게 된다.

▶ 강연대를 사용한다면 제스처의 높이를 어깨까지 올려야 한다. 그래야 장애물에 가로막히지 않는다.

▶ 강연대를 벗어날 때 역동성이 살아난다.

▶ 탁자가 있는 경우 한 손으로 탁자를 짚고 말하는 것은 자연스러워 보인다. 단, 탁자에 너무 의존하여 몸이 삐딱하게 기울어지지 않도록 주의해야 한다.

## ▥ 한 손에 원고를 든 경우

▶ 원고로 몸을 가리면 답답한 인상을 주기 때문에 좋지 않다. 예외로, 방송 아나운서들이 프로그램 로고가 적인 카드를 사진과 같이 드는 경우가 있다. 그런 특별한 경우를 제외하고는 바람직하지 않다.

▶ 원고를 든 채로 흔들어대면 보는 사람은 정신이 없어진다.

▶ 원고 들고 말하기의 나쁜 예.
얌전하게 보이기는 하지만 무기력해 보인다.

▶ 원고 들고 말하기의 좋은 예.
중심에서 살짝 비켜나게 드는 것이 요령이다.

▶ 원고를 들고 제스처를 사용하지 않을 때는 종이가 몸을 가리지 않도록 수평으로 드는 것이 바람직하다.

▶ 원고를 들고 제스처를 사용한다면 원고를 든 손의 움직임은 가급적 통제하고 다른 손으로 제스처를 사용하는 것이 바람직하다.
원고를 든 손을 사용하려면 원고 크기를 메모지만큼 작게 줄이는 것이 좋다.

## ⅠⅠⅠⅠⅠ 프레젠테이션 리모콘<sup>프레젠터</sup>을 사용하는 경우

▶ 다음 슬라이드를 넘길 때 스크린을 향해 프레젠테이션 리모콘을 겨누고 누르면 어색해 보인다. 레이저 포인터를 쏠 때만 이렇게 해야 한다.

▶ 프레젠이션 리모콘을 들고 말할 때 리모콘이 삐죽 튀어나오면 보기 좋지 않으므로 손 안에 깊숙이 잡는 것이 좋다.

**Passion** 열정

# 역동성을 보여주는 공간 활용 전략

열정적인 프레젠터로 정평이 난 시스코의 CEO 존 챔버스John Chambers는 가만히 한 자리에 서서 말하지 않는다. 그는 무대의 중앙부터 시작해서 좌우를 모두 활용한다. 때로는 청중 사이를 비집고 돌아다니며 청중과 함께 호흡한다. 그래서 그의 프레젠테이션은 흥미진진한 한 편의 액션영화 같다.

공간 활용 전략은 상황의 특성과 청중의 규모에 따라 달리해야 한다. 먼저 상황의 특성에 따른 전략부터 살펴보자. 프레젠테이션의 상황을 크게 3가지로 나누어본다면 이해가 쉽다. 3가지란 보수적인 상황, 중립적인 상황, 자유로운 상황이다.

### 보수적인 상황에선 움직임을 통제하라

보수적인 상황에서는 공간 활용을 통제하는 것이 안전하다. 작은 움직임도 산만하다는 평가로 이어질 가능성이 높기 때문이다. 그래서 한 자리에서 움직이지 않거나 무대의 좌에서 우로, 또는 우에서 좌로 한두 차례 이동하는 것이 무난하다. 입찰을 위한 프레젠테이션이니 면접 프레젠테이션과 같은 경우가 보수적인 상황에 해당한다.

### 자유로운 상황에선 청중석까지 파고들어라

자유로운 상황에서는 청중석까지 파고들어 가는 것이 가능하다. 청중의 바로 옆까지 이동하기 때문에 역동성이 살아나고, 청중들과 교감하는 것도 수월해진다. 그러나 청중이 불편해하거나 불쾌해할 위험이 있으니 조심해야 한다. 프레젠터와 청중 간의 교감이 이미 형성되어 있는 관계이거나, 프레젠테이션이 진행되면서 어느 정도 교감이 형성된 상태에서만 활용하는 것이 안전하다. 강의 프레젠테이션은 여기에 해당한다.

### 중립적인 상황에선 무대를 적극 활용하라

중립적인 상황에서는 프레젠터에게 주어진 무대를 벗어나지 않는 범위 내에서 최대한 공간을 활용하는 것이 좋다. 그래야 열정이 전달된다. 무대에서의 공간 활용은 앞뒤 이동이 아닌 좌우 이동이 의미 있다.

### 청중의 규모에 따른 공간 활용 전략

청중의 규모가 커질수록 공간 활용의 필요성도 함께 커진다. 멀리서 보는 청중에게는 프레젠터의 움직임이 별로 강조되어 보이지 않기 때문이다. 따라서 눈빛이나 제스처만으로 열정과 역동성을 보여주기에는 부족하기 때문에 공간 활용 전략을 가미하는 것이 효과적이다.

▶ 좌우 이동 1단계
중립적인 상황에서는 무대의 좌우 이동을 충분히 활용하는 것이 좋다. 이때 옆걸음보다는 앞걸음이 바람직하다. 시작하는 지점은 청중 기준으로 볼 때 왼쪽이 좋다.

▶ 좌우 이동 2단계
이렇게 이동 중에 멈출 때는 화면을 끄는 것이 좋다. 화면을 끌 때 필요한 B버튼 사용법은 나중에 다룬다.

▶ 좌우 이동 3단계

한편, 상대적으로 청중의 규모가 작거나 좁은 공간에서는 오히려 공간 활용을 통제하는 것이 바람직하다. 왜냐하면 프레젠터의 움직임이 유난히 강조되어 산만하다는 인상을 줄 뿐만 아니라, 프레젠터가 움직일 때마다 청중이 매번 고개를 돌려야 하는 불편함이 있기 때문이다.

### 서 있는 자세도 전략이다

공간 활용을 하지 않을 때 어떻게 서 있는가도 중요하다. 대한민국의 많은 남성들은 다리를 넓게 벌려 서는 경향이 있다.❶ 게다가 발의 위치도 앞쪽을 너무 벌리는 '팔자八字 모양'으로 선다. 간혹 여성의 경우에는 많은 남성과는 정반대로 발뒤꿈치보다 발 앞쪽의 간격을 좁게 붙여서 서기도 한다.

다리를 너무 넓게 벌려 서면 자신감이 지나쳐 오만해 보이고, 두 발을 팔자 모양으로 서면 단정하지 않고 느슨해 보인다. 또, 발뒤꿈치보다 앞부분을 붙여서 'ㅅ' 자처럼 서면 답답하고 방어적인 사람으로 보인다.

그렇다면 서 있는 자세에도 정석이 있을까? 체형에 따라 약간의 조정은 필요하지만 일반적인 정석은 존재한다. 가장 보기 좋은 자세는 다리 모양도 11자, 발 모양도 11자로 서는 것이다. 피해야 할 자세와 바람직한 자세가 무엇인지 사진을 통해 살펴보자.

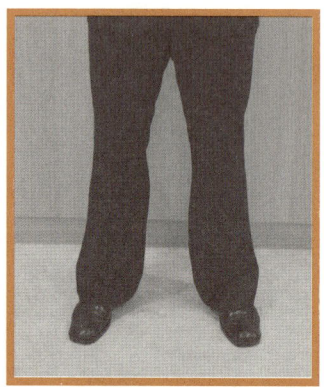

▶ 남성의 경우 다리를 너무 넓게 벌려 서는 경향이 있는데 오만해 보인다. 더 큰 위험성은 좌우로 체중을 이동시켜 눈에 거슬릴 수 있다는 점이다.

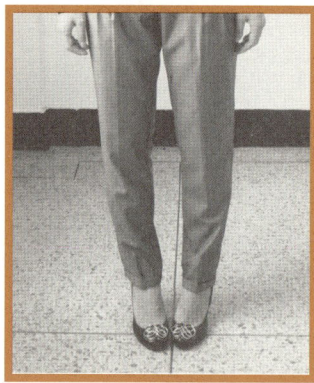

▶ 여성의 경우 간혹 발의 앞쪽이 뒤쪽보다 좁게 서기도 하는데 소극적이고 방어적으로 보인다.

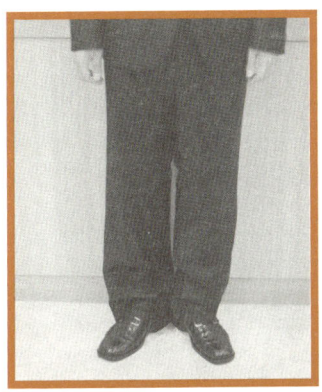

▶ 남자가 뒷꿈치를 붙이고 펭귄처럼 서면 답답하고 융통성이 없어 보인다.

▶ 한쪽 다리에만 체중을 싣고 서면 소위 짝다리가 되어 불손해 보인다.

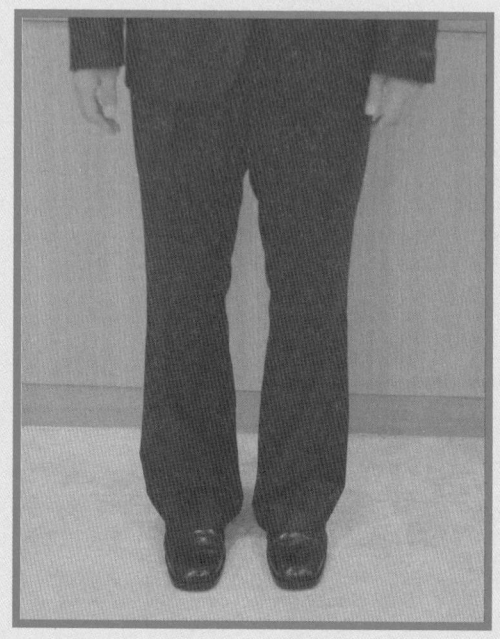

▶ 다리와 발을 11자 모양으로 선 자세. 위에서 내려다 볼 때는 좁게 보일 수도 있으니 전신 거울을 통해 다리 모양을 확인하길 권한다. 체형에 따라 차이는 있지만 두 발의 간격이 7센티미터 내외가 적당하다.

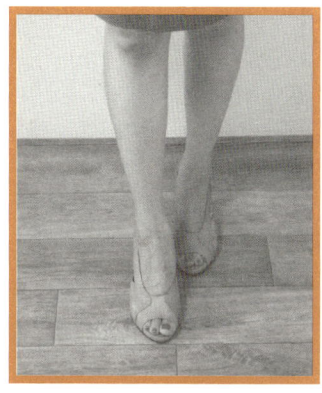

▶ 치마 입은 여성의 잘못된 발모양
한발을 앞으로 내딛은 자세는 본인은 안정감이 있을지 모르나 보는 사람에게는 어색하다.

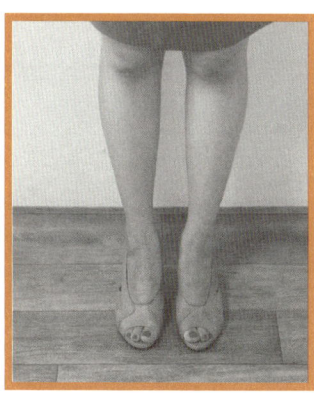

▶ 치마 입은 여성의 올바른 발모양

**Passion** 열정

# 타고난 열정이 없다면?

성격이나 지능과 마찬가지로 타고난 열정의 정도는 사람마다 다르다. 어떤 사람은 나이가 들어도 끊임없이 무언가에 도전하려고 하지만, 어떤 사람은 아무리 젊어도 무기력하게 시간을 흘려보내기만 한다.

혹자는 열정을 개발해야 한다고 말하지만 안타깝게도 열정은 가장 개발되기 어려운 역량에 속한다.

### 프레젠테이션에서 열정을 연출하는 방법

타고난 내면의 열정은 프레젠테이션에서도 그대로 드러난다. 어떤 사람은 청중을 녹일 듯 뜨거운 열정을 분출하지만 어떤 사람은 '훅' 하는 콧바람에도 꺼질 듯 약하게 보인다.

비록 타고난 내면의 열정은 없지만 프레젠테이션에서 열정을 연출하고 싶을 때 어떻게 해야 할까? 두 가지 대안이 있다. 하나는 이상적인 대안이고, 다른 하나는 현실적인 대안이다.

### 이상적 대안 - 목소리의 고저강약을 살려라

열정이 가장 잘 드러나는 창구는 목소리다. 따라서 목소리를 만들기 위한 올바른 호흡법과 발성법을 배우고, 목소리의 고저강약을 살리기만 해도 열정 있는 프레젠터로 보일 수 있다. 4장에 소개된 '목소리' 편을 잘 이해하고 훈련한다면 충분히 열정을 연출할 수 있다.

### 현실적 대안 - 내용이나 행동으로 보완하라

목소리에 열정을 싣지 못한다면 말의 내용이나 행동 등의 매체로 보완하는 것이 가장 현실적인 대안이다. 여기서 행동이란 앞서 소개했던 눈빛과 제스처, 공간 활용 등을 포함한다. 이러한 것들은 프레젠테이션 전문가에게 직접 코칭받는 것이 가장 확실하고 빠르다. 내용과 행동이란 두 측면의 보완책을 정리해 본다.

❶ 내용적 측면
- 내용에서 주장이 강할수록 열정적으로 보이게 된다.
- 내용이 도전적일수록 열정적으로 보이게 된다.

❷ 행동적 측면
- 목소리, 눈맞춤, 제스처, 공간이동 순으로 열정이 전달된다.
- 강한 대비가 있거나 포인트가 있는 복장도 열정을 보완해 준다.

열정은 강한 전염력을 가지고 있다. 프레젠터가 열정을 전하려면 3가지를 실천해야 한다.

첫째, 목소리에 울림과 변화를 주어야 한다.

둘째, 적절한 제스처와 눈맞춤을 해야 한다.

셋째, 바른 자세와 적절한 공간 활용 전략을 써야 한다.

# Step 9
## 나의 열정 온도 측정하기

1. 나의 열정은 어디서 나오고, 온도는 몇 도인가? 열정의 정도에 따라 □ 안에 순서대로 번호를 매기고, 100도를 기준으로 온도를 적어보자.
   - □ 목소리 온도 ____℃
   - □ 눈빛 과 눈맞춤 온도 ____℃
   - □ 제스처와 자세 온도 ____℃
   - □ 공간 활용 온도 ____℃

2. 나의 언어와 비언어는 어느 정도 일관성을 지니나?
   - □ 높은 일치도 → 강한 전달력
   - □ 낮은 일치도 → 낮은 전달력

3. 내가 개발할 수 있는 열정은?
   - □ 음성의 높낮이 조절
   - □ 적절한 눈맞춤
   - □ 역동적 제스처
   - □ 역동적 공간 활용
   - □ 복장 전략

# 10

*Attraction*

# Attraction
# 흡인력

프레젠테이션이 성공하기 위해서는 듣는 사람의 주의를 집중시키는 발표자의 매력이 필요한데, 이것을 우리는 '흡인력'이라 부른다. 문제는 흡인력이 한두 가지의 특징에 의해서 결정되지 않는다는 점이다. 어떻게 해야 흡인력 있는 프레젠테이션이 가능해질까?

Attraction 흡인력

# 청중을 끌어들이는
# 최고의 방법

듣는 사람의 관심을 촉구하는 데는 질문만 한 것이 없다. 질문에는 두 가지가 있다. 하나는 답을 기대하는 질문이고, 다른 하나는 답을 기대하지 않는 질문이다. 후자를 우리는 '수사법적 질문 rhetorical question[2]'이라 한다. 수사법적 질문의 예는 다음과 같다.

- "프레젠테이션에서 프레젠터가 무엇을 말하느냐보다 더 중요한 것은 무엇일까요?"
- "만일 어떤 분야에 도전하든 성공이 보장된다면 어떤 일을 하고 싶습니까?"
- "꿈이 없는 것보다 더 비참한 것은 무엇이라고 생각하십니까?"
- "만일 분석적이고 논리적인, 소위 똑똑하다는 사람들로만 100% 구성된 조직이 있다면 그 조직의 성과는 어떻게 될까요?"

**수사법적 질문의 효과**

수사법적 질문은 질문자가 스스로 답할 것이기 때문에 이야기를 끌어가는 데 훨씬 더 효과적이다. 단, 질문을 던진 뒤 바로 답을 해버리면 효과가 반감된다. 적어도 2~3초 동안 침묵한 뒤 답해야 효과가 살아난다.

그 잠깐의 시간 동안 청중은 생각할 시간을 갖는 동시에 프레젠터의 답에 대한 기대감을 가지게 된다. 만일 침묵의 시간이 흐른 뒤 튀어나온 프레젠터의 답이 청중이 생각했던 것보다 한 차원 높은 것이라면, 청중은 프레젠터에게 호감을 갖게 되면서 더 큰 기대를 갖고 프레젠테이션에 집중하게 된다.

### 질문의 효과를 극대화하는 행동 연출법

그렇다면 자칫 어색할 수도 있는 2~3초의 침묵 동안 프레젠터는 어떤 행동을 하는 것이 바람직할까? 상황에 따라 두 가지 방법이 있다.

첫째, 상체를 앞으로 숙인 채 청중의 눈을 바라보면서 눈으로 질문하는 것이다. 이것은 강하게 호소하고 싶을 때 활용하는 방법이다.

둘째, 시선을 아래로 내리깔고 천천히 걸음을 옮겨 옆으로 이동하는 것이다. 프레젠터가 던진 질문이 자칫 너무 강하다 싶을 때, 톤다운 하는 용도로 활용하기에 적절하다.

▶ 질문을 던질 때 상체까지 앞으로 숙이면 호소력이 한층 더 높아진다.

▶ 상체를 숙이면 호소력을 높일 수 있지만, 앞자리의 청중은 자칫 공격적인 느낌을 받을 수도 있다. 이때 책상을 손으로 짚어주면 공격적인 느낌을 완화시키면서 호소력은 그대로 살릴 수 있다.

### 질문 효과를 반감시키는 초보적인 실수들

수사법적 질문을 처음 사용해보는 사람들이 흔히 저지르는 실수가 하나 있다. 그것은 질문에 앞서 초를 치는 것이다. 그들은 질문 전에 먼저 이렇게 운을 뗀다.

"제가 질문 하나 드리겠습니다."

그렇게 말하고 질문을 던지면 당연히 수사법적 질문의 위력이 반감된다. 한마디로 맥 빠진다. 마치 농담을 하기 전에 "웃긴 농담 하나 하겠습니다"라고 초를 치는 것과 비슷하다.

농담의 핵심은 의외성이다. 의외성은 듣는 사람이 예상치 못할 때 그 빛을 발한다. 따라서 적절한 상황에서 바로 던져야 효과가 있다. 마찬가지로 수사법적 질문을 던질 때도 예고 없이 바로 던져야 그 맛이 살아난다.

Attraction 흡인력

# 눈이 아닌 얼굴을 맞춰라

눈맞춤eye-contact보다 효과적인 것은 얼굴맞춤face-contact이다. 얼굴맞춤이란 용어는 이 책에서 처음 사용한 용어다. 눈보다 얼굴맞춤을 한국인에게 권장하는 데는 이유가 있다.

첫째, 한국인은 내향적 특성 때문에 눈맞춤을 거북스럽게 여기는 사람들이 많다. 얼굴맞춤은 눈맞춤보다 더 편하게 보인다.

둘째, 얼굴맞춤은 눈맞춤이 불가능한 대규모 청중에게도 잘 적용된다.

셋째, 한국인이 가진 나쁜 자세턱이 들린 자세로 말하기를 바로잡을 수 있다.

눈맞춤이 훈련을 통해 익숙해지기까지는 많은 시간과 경험이 필요하다. 만일 당장 프레젠테이션을 해야 하는데 눈맞춤이 힘들다면 얼굴맞춤을 권장한다.

### 좌우로 얼굴을 돌려보자

얼굴을 좌우로 돌려가면서 맞춘다는 것은 어떤 느낌일까? 눈으로 직접 확인하고 싶다면 호소력 넘치는 연설로 유명한 오바마를

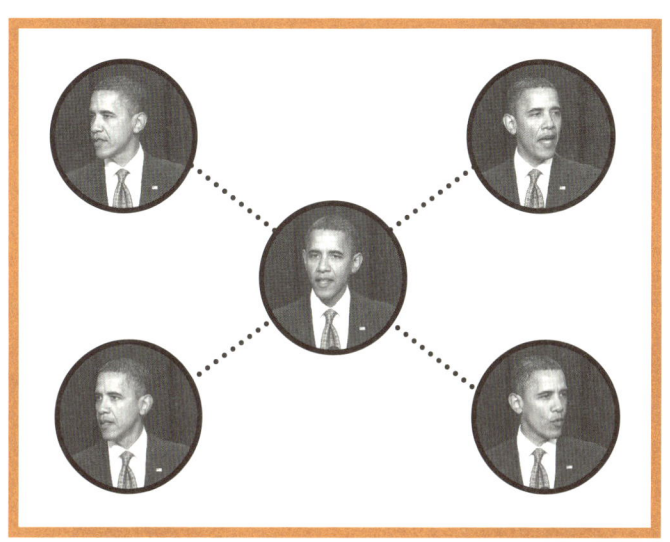

살펴보자. 그의 연설 동영상을 관찰해보면 프롬프터 때문이기도 하지만 그는 끊임없이 좌우로 얼굴맞춤을 한다. 그러다 한 번씩 강조하기 위해 카메라가 있는 정면을 응시한다. 유튜브에서 쉽게 찾아볼 수 있으니 꼭 한 번 관찰해보라. 그의 여러 연설들 중에서도 특히 '대통령 후보 수락 연설 2008. 8. 28'을 추천한다.

얼굴맞춤이란 턱을 몸통 쪽으로 당겨서 시선의 높이를 청중의 눈높이에 맞게 낮추는 것도 의미한다. 그렇게 하는 이유는 앉아 있는 청중의 눈높이에 맞추기 위해서다.

현대인에게 가장 흔한 증상 중 하나가 자라목 또는 거북목 증상이다. 하루 종일 의자에 앉아서 모니터를 바라보는 생활을 하다 보면 목이 거북처럼 된다. 목을 앞으로 빼고 상체를 모니터 쪽으로 기울인 자세가 습관화되면, 서 있을 때도 상체가 구부정해지고 턱이 위로 살짝 들려 있는 모습을 하게 될 가능성이 높다.

그 상태로 눈맞춤을 하면 청중은 프레젠터의 시선이 위로 약간 떠 있다는 느낌을 받기 때문에, 프레젠터의 자신감과 진실성이 전달되지 않는다. 이럴 때 해결책은 간단하다. 턱만 살짝 몸통 쪽으로 당기면 된다. 턱만 살짝 당겼을 뿐인데 청중의 눈빛은 더 진지해지고 초롱초롱 빛나고 있을 것이다.

**Attraction** 흡인력

# 청중의 학습스타일을 알면 대책이 보인다

프레젠테이션에 청중을 관여시키는 최고의 방법은 뭘까? 그것은 청중이 스스로 참여하도록 유도하는 것이다. 청중을 참여시키려면 청중의 정보 입수 스타일을 알아야 한다.

정보를 입수할 때 눈으로 읽는 것을 선호하는 사람이 가장 많지만, 어떤 사람은 귀로 듣는 것을, 또 어떤 사람은 몸으로 직접 실습해보는 것을 선호한다. 그러한 선호 취향을 각각 읽는text형, 듣는audio형, 실습kinesthetic형이라고 부른다.

### 읽는형, 듣는형, 실습형을 모두 만족시켜야 한다

어떤 유형도 프레젠테이션에서 소외시키지 않으려면 3가지 취향의 청중을 모두 만족시킬 수 있도록 고려해야 한다. 그런데 일반적인 프레젠터들은 시각형의 청중만을 생각하여 파워포인트 디자인에 올인하는 경우가 많다. 인간이 입수하는 정보❸의 75%는 시각적인 정보지만 여기에만 의존하는 것은 잘못이다.

한 차원 높은 프레젠터는 읽는형과 듣는형을 모두 배려하여 보여주는 것과 스토리텔링을 적절히 배합한다. 하지만 여전히 실습형은 소외된다.

### 청중의 행동을 끌어내는 방법

실습형을 만족시키는 방법의 핵심은 몸을 움직이게 만드는 것이다. 구체적인 방법은 다음과 같다.

- 가벼운 질문을 던져 손을 들어보게 한다. 예를 들어 "혹시 아침 식사를 하고 오신 분 계신가요?"라고 물어보면서 발표자가 왼손을 들어보이는 것은 좋은 방법이다.
- 가벼운 스트레칭을 시범 보이면서 청중이 따라하게 한다.
- 청중들끼리 서로 인사하거나 자기소개를 하게 한다.
- 청중이 직접 제품을 만져보고 작동해보게 한다.
- 청중 전체에게 무언가를 적어보도록 요청한다.
- 슬라이드의 내용을 소리 내어 읽어보게 한다.
- 청중 가운데 지원자를 앞으로 모셔서 시범을 보인다.
- 청중을 몇 개의 그룹으로 나누어 그룹별로 작업을 시키거나 역할 연기를 시킨다.


### 읽는형도 귀와 손을 갖고 있다

우리가 오해하지 말아야 할 것은 읽는 것을 선호하는 사람도 귀와 손을 갖고 있고, 실습해보길 좋아하는 사람도 눈과 귀가 달려 있다는 점이다. 즉, 청중이 읽는형이라고 해서 시각만 만족시키면 된다는 오해는 금물이다.

청중을 관여시키는 마지막 방법은 역질문을 이용하는 것이다. 역질문이란 무엇인가?

**Attraction** 흡인력

# 청중의 니즈, 역질문으로 해소하라

역질문이란 청중이 하는 질문을 말한다. 프레젠테이션 주제에 대해서 어떤 질문이 나오든 즉답을 할 자신이 있다면 시작부에 이렇게 말하는 것이 좋다.

"질문이 있다면 언제든지 해 주십시오."

이런 방법은 청중을 관여시키는 동시에 자신감을 보여주는 데 매우 효과적이다.

### 왜 역질문이 효과적인가

역질문이 효과적인 이유는 간단하다. 프레젠터와 청중 간에는 언제나 갭gap이 존재하기 때문이다. 만일 청중의 니즈needs를 분명히 읽을 수만 있다면 프레젠테이션의 성공 가능성은 거의 보장된 거나 마찬가지다. 구체적으로 무엇을 준비해야 할지 눈에 보이기 때문이다.

그런데 그런 상황은 흔치 않다. 어둠 속에서 벽을 더듬어 스위치를 찾듯이 청중의 니즈를 짐작해가는 것이 대부분 프레젠테이션의 현실이다. 이런 문제를 쉽게 해결해주는 것이 역질문이다. 청중이 자신의 궁금증을 자기 입으로 말해주기 때문이다. 따라서 프레젠터는 역질문이라는 지름길을 통해 청중의 속마음에 다다를 수 있다.

때로는 프레젠터가 30분 동안 말한 것보다 청중의 질문에 한 번 답해준 것이 훨씬 더 효과적일 수도 있다. 왜냐하면 프레젠테이션에서 중요한 것은 '프레젠터가 무엇을 말하느냐'가 아니라 '청중이 무엇을 기억하느냐' 이기 때문이다.

질문의 기회를 주면 쉬운 질문만 나오는 것이 아니다. 대답하기 곤란한 질문 때문에 자칫 프레젠테이션의 흐름이 끊길 위험도 있다. 그래서 역질문은 언제나 사용할 수 있는 것이 아니다. 프레젠테이션 주제에 대해 어떤 질문이 나오더라도 자신이 있을 때 가능한 방법이다.

### 과시형 청중의 곤란한 질문 대처법

종종 의도적으로 곤란한 질문을 하는 청중이 있다. 청중이 그렇게 행동하는 배경을 안다면 해결 방법이 보인다. 의도적으로 어려운 질문을 던지는 이유는 둘 중 하나다.

자신이 많이 안다는 것을 과시하기 위해서거나 옆에 앉은 상사에게 잘 보이기 위해서다. 따라서 그런 질문을 던지는 청중을 인정해주면 쉽게 해결된다. 예를 들어 "음, 이런 수준 높은 질문을 하시는 분은 흔치 않습니다"와 같은 말로 칭찬해주는 것이다. 그렇게만 해주어도 질문자는 얼굴에 미소를 띠면서 고개를 끄덕이게 될 것이다. 답은 기대조차 하지 않을 수도 있다.

### 불만형 청중의 곤란한 질문 대처법

프레젠테이션의 내용에 불만을 가진 청중의 질문에는 어떻게 대처해야 할까. 예를 들어 프레젠터가 강한 주장을 할 경우, 그것에 수긍하지 않는 청중이 종종 프레젠터를 골탕 먹이기 위해 곤란한 질문을 던지기도 한다.

그런 경우에는 먼저 질문을 반복 확인하면서 답변을 준비할 시간을 벌 수 있다. 이때 질문을 똑같은 말로 되풀이하기보다는 좀더 중립적이거나 긍정적인 말들로 바꾸어 풀어내는 것이 바람직하다. 예를 들면 "그게 왜 필요합니까?" 하는 비판적 질문은 "이것의 효과는 이러합니다"라고 긍정적으로 풀어갈 수 있다. "가격이 비싼 것 아닙니까"라는 질문에는 "질이 높은 것입니다"라고 응대할 수 있다.

대답은 전략적으로 해야 한다. 먼저 서로 동의하는 부분부터 확인하고 나서, 서로 다르게 생각하는 부분은 무엇인지 말한다. 그리고 가급적 수긍할 수 있는 증거를 제시하며 답변하도록 노력한다. 예를 들면, "문제의 본질에 대해서는 의견을 같이 하시는 거죠? 그렇다면 각각의 대안에 대해서만 세부적으로 검토하겠습니다"와 같이 대응할 수 있다.

만일 답변이 정말 곤란한 질문이라면 어떻게 해야 할까? 그때는 다음과 같이 대답한 뒤 또 다른 청중의 질문을 받으면 자연스럽다.

"그건 지금 여기서 답변드릴 수 있는 내용은 아닌 것 같습니다. 나중에 개별적으로 말씀드리도록 하겠습니다. 그럼 다른 분의 질문을 받겠습니다."

듣는 사람을 집중시키고 몰입하게 만드는 것, 프레젠터라면 놓쳐서는 안 될 부분이다. 강한 흡인력을 가진 프레젠테이션을 하기 위한 방법은 3가지로 요약할 수 있다. 그리고 이것들은 모두 '청중을 관여시키는 데' 사용할 수 있다.

첫째, 서술적으로 말하기보다는 질문을 잘 구사해야 한다. 특히 수사법적인 질문과 역질문을 잘 이용해야 한다.

둘째, 청중의 눈높이를 맞추고 얼굴맞춤을 해야 한다.

셋째, 읽는형, 듣는형, 실습형 등 3가지 유형의 청중 모두를 만족시킬 수 있도록 배려해야 한다.

# Step 10
# 흡인력 기르기

1. 나의 흡인력은 어느 정도인지 각각의 항목에 대해서 5점 만점으로 평가해보라.
   • 질문을 잘한다. 특히 수사적 질문을 잘한다.　　☐5 ☐4 ☐3 ☐2 ☐1
   • 눈이 아니라 얼굴을 맞춘다.　　　　　　　　　☐5 ☐4 ☐3 ☐2 ☐1
   • 청중을 참여시킨다.　　　　　　　　　　　　　☐5 ☐4 ☐3 ☐2 ☐1
   • 청중으로부터 질문을 유도한다.　　　　　　　　☐5 ☐4 ☐3 ☐2 ☐1

2. 나의 매력 포인트는 무엇인가? 위의 체크리스트에서 점수가 가장 높은 것이 나의 매력 포인트다. 그것을 어떻게 강화하고 이용할 것인지 연구해보자.

   ❶ 나의 매력 포인트는?
   _____
   _____
   _____
   _____
   _____

   ❷ 어떻게 그 매력을 강화하고 이용할까?
   _____
   _____
   _____
   _____
   _____

10
# 11
12
13
14

*Powerpoint*

# Powerpoint
# 파워
# 포인트

혹시 파워포인트를 쓰지 않고도 30분간 프레젠테이션을 성공적으로 할 자신이 있는가? 그렇다면 이 장은 마음 편하게 건너뛰어도 좋다. 그렇지 않다면 이 장만 특별히 세 번 반복해서 읽어보길 권한다. 왜냐하면 파워포인트 의존증후군은 무서운 속도로 전염되고 있기 때문이다.

**Powerpoint** 파워포인트

# 왜 이래? 아마추어처럼

『프레젠테이션의 정석』에서 지적한 파워포인트 의존증후군에 많은 프레젠터들이 공감했고, 개선하려 노력하고 있다고 전해왔다. 그런데 안타깝게도 주위를 둘러보면 여전히 파워포인트에 의존하는 프레젠터들이 훨씬 더 많다.

파워포인트에 의존한다는 건, 파워포인트 없이는 준비한 내용을 자신 있게 전달할 수 없다는 것을 의미한다. 대체 프레젠터 자신도 모르게 파워포인트 의존증후군에 걸리는 이유는 무엇일까? 그 원인은 두 가지로 나뉜다.

### 소홀한 준비 때문에

프레젠테이션 경험이 많다는 자신감 때문에 준비를 소홀히 한 경우다. 바쁘다는 핑계로 내용을 숙지하지 않은 채 현장에서 매 슬라이드를 참고하면서 프레젠테이션하려고 할 때 나도 모르게 파워포인트에 의존하게 된다.

만일 이런 상황에서 파워포인트에 너무 많은 정보를 자세히 담았다면 더욱 참담한 사태가 초래된다. 오직 글자로 가득 채운 슬라이드를 보는 순간, 누구나 가슴이 답답해질 것이 뻔하기 때문이다. 게다가 그런 슬라이드를 프레젠터가 낭독하듯 읽어나간다면, 커피를 한 사발 마시고 온 청중이라도 몰려오는 잠을 이겨내기 위해 힘겨운 사투를 벌여야 할 것이다.

이런 사태를 막기 위해선 슬라이드에 핵심만 담고 나머지는 말로 풀어가야 한다. 그래야 진정 프로답다.

### 자신감이 부족하기 때문에

프레젠테이션 경험이 적어서 자신감이 부족하고 지나치게 긴장하는 경우❸다. 지나친 긴장은 뇌뿐만 아니라 몸까지 경직되게 만들어 아무것도 생각나지 않고 손발조차 마음대로 움직일 수 없게 만든다.

마치 두 발에 못이 박힌듯 한 자리에 서서 청중과 눈도 못 마주치고 그저 슬라이드만 낭독하는 경우를 생각해보자. 지나친 긴장으로 목소리까지 작아지고 톤까지 단조로워지면 프레젠테이션이 아니라 '자장가'로 전락할 수 있다.

지나친 긴장을 예방하는 가장 좋은 방법은 무엇일까? 매 경기마다 극도의 긴장을 이겨내야 하는 피겨의 여왕 김연아에게서 그 답을 찾아보자.

2010년 캐나다 동계올림픽에서 김연아의 최대 적은 누구였을까? 아사다 마오였을까? 아니면 김연아 자신이었을까? 둘 다 아니다. 최대의 적은 바로 대한민국 국민들이었다. 금메달에 대한 국민들의 기대감, 그것이 바로 김연아가 금메달을 따기 전에 극복해야 할 가장 큰 난관이었다.

그런데 정작 경기에 나선 김연아는 여유가 넘쳤다. 경기 직후 한 기자와 가졌던 인터뷰에서 김연아는 "정말 솔직하게 말해서 부담은 그 어느 때보다도 없었던 것 같아요"라고 말했다. 그녀가 긴장하지 않고 경기에 임할 수 있었던 이유는 무엇이었을까? 그녀의 대답은 단순했지만 의미심장했다.

"무엇보다도 연습과 훈련에서 준비가 너무 잘 되었기 때문에, 그 어느 때보다도 자신감이 있었고 편안하게 연기할 수 있었던 것 같아요."

프레젠테이션을 잘하겠다는 각오는 필요하지만 잘해야 한다는 의무감은 오히려 긴장감을 고조시킨다. 긴장과 동시에 몸과 마음은 나무토막처럼 경직된다. 이때 긴장감을 줄이는 가장 좋은 방법은 무엇일까? 역시 경험이다. 실전 경험이 가장 좋지만 리허설도 실전 못지않게 도움이 되는 경험이다. 자신감이 생길 때까지 리허설하라.

### 파워포인트의 시녀가 아닌 주인이 되라

지금까지의 내용을 정리해보자. 화려한 파워포인트 뒤에 숨겠다는 전략은 아마추어 또는 초보자 수준에서나 통한다. 프로다운 프레젠터가 되기 위해서는 파워포인트의 시녀가 아닌 주인이 되어야 한다. 주인이 되려면 무엇을 어떻게 해야 할까?

### ❶ 아마추어 같은 생각부터 버려야 한다

'청중의 관심을 파워포인트에 집중시키고 나는 어두운 조명 아래 숨어서 내레이션이나 하자'는 생각이 바로 아마추어 같은 생각이다.

### ❷ 내용을 숙지하라

'현장에서 슬라이드를 참고하면서 발표하자'며 슬라이드에 자세한 내용을 담는 순간, 파워포인트에게 내 목줄을 쥐어주게 된다. 슬라이드가 없어도 지장이 없을 만큼 내용을 숙지하고 있어야 한다.

### ❸ 정답은 경험뿐이다

실전 경험이 최고지만 리허설도 훌륭한 경험이다. 충분히 리허설하라. 제대로 된 리허설을 하라. 실제처럼 하면서 피드백을 받아봐야 제대로 된 리허설이다.

파워포인트 의존증후군을 벗어났다면 이제 필요한 것은 프로다운 기술을 익히는 것이다. 그 중의 하나가 B 버튼이다.

**Powerpoint** 파워포인트

# 매너 버튼,
# B 버튼을 적극 활용하라

Black screen 기능이란 무엇인가. 빔프로젝터의 전원을 끄지 않은 상태에서 스크린을 검게 만드는 파워포인트 기능이다. 프레젠테이션 도중에 스크린이 검게 되면 스크린을 바라보던 청중의 시선은 어디로 향할까? 자연스레 프레젠터에게 집중된다. 따라서 발표 도중 청중의 시선을 프레젠터의 얼굴로 집중시키고 싶을 때 자판의 B 버튼을 눌러 Black screen을 만들면 효과적이다.

### 청중의 혼란을 막아주는 B 버튼

또 특정 슬라이드를 띄워 둔 상태에서 길게 보충설명하거나 보충 스토리를 얘기하다 보면 얘기와 슬라이드 내용이 일치하지 않게 된다. 이때 청중의 시선은 프레젠터와 스크린 사이를 오가다 혼란에 빠지기 쉬운데 B 버튼으로 스크린을 검게 만들면 청중이 갈등하지 않게 도와줄 수 있다. 그래서 B 버튼은 매너 버튼이다.

### B 버튼을 사용해야 할 때

첫째, 프레젠터가 중앙에 서기 위해서 이용한다. 스크린이 중앙에 배치되어 있는 환경이라면 프레젠터는 스크린을 피해서 항상 모서리에 설 수밖에 없게 된다. 이런 경우 처음 시작할 때는 B 버튼을 누르고 중앙에 서서 인사한 후, 화면을 벗어난 위치로 이동해 다시 B 버튼을 눌러 화면을 살려야 한다.

둘째, 좌우로 이동할 때 이용한다. 스크린이 중앙에 있다면 좌우로 이동할 때 스크린을 가로지르게 된다. 이런 경우 아직도 화면을 읽고 있는 청중은 누군가가 시야를 가리는 것을 싫어하기 때문에, 화면을 잠시 껐다가 이동 후에 다시 살리는 것이 바람직하다.

셋째, 퀴즈나 질문을 할 때 이용한다. 스크린에 나와 있는 내용을 질문하거나 퀴즈형으로 물을 때, 화면을 일시적으로 껐다가 살려서 설명을 할 때 이용하면 편리하다.

넷째, 파워포인트를 사용하지 않을 때 이용한다. 잠시 파워포인트를 사용하지 않고 빔프로젝터만 살려두는 경우 B 버튼을 눌러두면 프로젝터의 기본화면이 비춰지는 것보다 깔끔한 인상을 준다. 이 기능은 프로젝트의 뮤트mute 기능으로 대신할 수 있다.

### W 버튼을 사용해야 할 때

[W]버튼은 프레젠테이션 리모콘에 없는 기능이다. 화면을 White Screen으로 만드는 이 기능은 다음과 같은 경우에 이용하면 편리하다.

첫째, 스포트라이트 대용으로 쓴다. 프레젠테이션 도중에 별도의 보충자료를 카피로 보여주거나 핸드아웃 자료를 보여주는 경우, 프랍을 사용하는 경우 등에 [W]버튼을 누르면 White Screen이 만들어져 국소조명의 역할을 충분히 한다.

둘째, 프레젠테이션 도중에 시범을 보이거나 역할 연기를 하는 경우 조명을 대신해서 쓸 수 있다.

이상에서 아마추어들은 잘 쓰지 않는 [B]버튼과 [W]버튼의 이용법을 익혔다. 이어서 프레젠테이션의 시간 관리에 필요한 기능을 학습해보자.

**Powerpoint** 파워포인트

# 시간은 없는데
# 남은 슬라이드가 많다면

데이트하러 가는 남자의 지갑에 밥 먹고 영화 볼 돈만 빠듯하게 들어 있다면 아마 마음이 여유롭지 못할 것이다. 프레젠테이션도 그렇다. 때문에 프레젠터는 늘 여분의 슬라이드를 준비해야 한다.

발표에서는 핵심만 전달하고, 프레젠터에게 주어진 시간에 최대한 맞추는 것이 좋다. 그러나 중간에 질문이 나오거나 이야기가 잘 풀리다보면 시간이 모자라는 경우가 자주 있다. 이때 슬라이드 몇 개를 건너뛰어야 한다면 당신은 어떻게 하겠는가?

### Esc키를 활용

왕초보들은 원하는 슬라이드가 나올 때까지 무작정 계속해서 다음 슬라이드로 넘어가는 버튼을 눌러댄다. 하지만 경험 많은 프레젠터라면 이렇게 행동한다.

먼저 Esc 키를 누른다. 그리고 아래 방향키 ↓ 로 황급히 필요한 슬라이드를 검색한 뒤 다시 슬라이드쇼 상태로 돌아간다. 이때는 Shift + F5 를 누르면 된다.

## 자기중심적인 프레젠터 VS 청중을 배려하는 프레젠터

그런데 청중의 입장에서 살펴보면, 프레젠테이션 도중에 갑자기 낯선 슬라이드 몇 개가 눈앞에 스르륵 지나가는 것이 불편할 수 있다. 중요한 정보를 놓친 것 같은 느낌이 들기 때문이다. 설령 그것이 중요한 정보가 아닐지라도 그런 찜찜한 느낌은 여전히 남는다.

그렇다면 청중을 배려하면서 슬라이드를 건너뛰는 세련된 방법은 무엇일까?

## 스킵 기능으로 세련되게

슬라이드를 건너뛸 때는 스킵 `Ctrl` + `S` 모든 슬라이드 보기 기능을 활용하면 편리하다. 슬라이드쇼 상태에서 `Ctrl` 키를 누른 뒤 동시에 `S` 키를 누르면 슬라이드의 제목이 모두 나열된 상자가 하나 뜬다. 그리고 아래 방향키를 눌러 원하는 제목을 찾은 뒤 엔터키를 누르면 된다.

## 슬라이드 제목을 단순하게

스킵 기능을 활용할 것에 대비해서 슬라이드 제목은 단순화시켜야 한다. 때로는 제목이 생략되는 경우도 있으므로 `Ctrl` 키와 `S` 키를 눌러서 제목만으로 내용을 알 수 있는지 확인해두어야 한다.

또한 스킵 기능은 앞의 슬라이드를 한참 뒤에 다시 보여주어야 할 때도 매우 유용하다.

지금까지 슬라이드쇼 기술을 다루었다면 이제는 디자인적인 측면에서 보기도 좋고 효과적인 슬라이드 구도를 알아보자.

**Powerpoint** 파워포인트

# Power와 Point를
# 모두 살리는 슬라이드 구도

畵左文右?

슬라이드를 디자인할 때 '이미지는 왼쪽에, 텍스트는 오른쪽에' 두라고 파워포인트 디자이너들은 조언한다. 반드시 그래야 하는가? 상황에 따라 다르다. '화좌문우畵左文右' 공식은 왜 생겼을까? 디자인적 관점에서 무난하기 때문이다.

### 화좌문우 공식이 통할 때

'화좌문우' 공식은 이미지가 메시지를 정확하게 대변해줄 때, 즉 이미지와 메시지가 일치할 때만 통한다. 그렇지 않다면 메시지와 관계없는 엉뚱한 이미지가 청중의 인식을 방해한다.

가장 큰 문제는 메시지에 딱 들어맞는 이미지를 구하는 것이 현실적으로 정말 어렵다는 점이다. '메시지와 비슷하니까 괜찮겠지'라며 발표자가 준비한 이미지가 청중에게 전혀 다르게 인식되는 경우는 매우 흔하다.

### 그래프나 차트는 메시지와 함께 보여주지 않는다

준비한 이미지가 그래프나 차트인 경우라고 해도 역시 위의 원칙이 적용된다. 하지만 프로다운 프레젠터라면 그래프와 메시지를 하나의 슬라이드에 보여주는 아마추어 같은 행동은 하지 않는다.

청중에게는 그래프만 보여주고 메시지는 프레젠터가 말로 설명해야 프로다워 보인다. 꼭 메시지를 넣는다면 그래프 아래에 설명주를 넣을 수 있다. 만일 메시지가 더 중요하다면 그래프 위에 넣는 것이 바람직하다. 슬라이드의 아랫쪽에 배치한 글은 앞사람의 머리에 가려서 보이지 않을 위험도 있다.

**Powerpoint** 파워포인트

# 이미지 활용 강박증, 혹시 나도?

### 슬라이드 하나에 이미지 하나?

'파워포인트로 프레젠테이션 좀 해봤어' 하는 사람이라면 누구나 아는 공식이다. 하지만 이 원칙은 이미지가 의도한 메시지를 정확하게 표현하는 경우에만 적용된다. 그렇지 않은 이미지라면 과감히 버려야 한다. 차라리 텍스트만으로 표현하는 것이 낫다. 왜냐하면 텍스트와 이미지가 동시에 있을 때, 청중의 시선은 저절로 이미지 쪽으로 향할 수밖에 없기 때문이다.

### 텍스트만으로 프레젠테이션하는 것은 불가능할까?

적당한 이미지가 없는데도 마치 강박중에라도 걸린 듯 슬라이드마다 이미지를 집어넣는 프레젠터를 자주 볼 수 있다. 이미지가 꼭 필요한 것도 아니고 메시지와 딱 들어맞는 것도 아니라면 차라리 여백으로 두는 것이 낫다. 여백은 슬라이드의 숨구멍이다. 여백이 없는 그림이 답답하듯 여백이 없는 슬라이드도 갑갑하게 보인다.

터키 도우베야짓이라는 마을의 이삭파샤 궁전.
하늘과 들판의 여백으로 인해
고궁이 더욱 아름답게 돋보인다.
마치 음악이 음표와 음표사이의 침묵에 의해 살아나듯,
이미지도 여백에 의해 살아난다.

**Powerpoint** 파워포인트

# 거부하기 힘든 유혹,
# 애니메이션 효과의 오해와 진실

강조하기
vs
숨겨두기

파워포인트의 애니메이션 효과는 거부하기 힘든 유혹이자 빠지기 쉬운 함정이다. 함정에 빠지지 않으려면 목적에서 벗어나지 않도록 주의해야 한다. 과연 애니메이션 효과는 어떤 목적으로 쓰여질까? 첫째, 시각적으로 강조하기 위해서, 둘째, 정보를 감추기 위해서다.

### 강조 효과

고정된 것보다는 움직이는 것이 더 눈에 띈다. 인간의 시각은 움직이는 곳으로 먼저 가게 되어 있기 때문이다. 따라서 움직임을 더하면 어떤 내용이든 강조가 된다. 물론, 꼭 필요한 부분에만 써야 한다.

### 숨겨두기 효과

글자만 빡빡하게 들어간 슬라이드를 어쩔 수 없이 만들어본 경험이 있는가? 있다면, 거기서 애니메이션을 써야 했다. 왜냐하면 당장 보여줄 필요가 없는 내용은 숨겨두고 이야기의 진전에 따라 하나씩 나타나게 하면, 청중의 주의를 계속 집중시킬 수 있기 때문이다.

### 지나치면 부족한 것만 못하다

정보를 숨겨두었다가 보여줄 때 가장 잘 어울리는 애니메이션 효과는 '밝기 변화 효과'다. 속도는 '매우 빠르게'로 두는 것이 무난하다. '밝기 변화' 외에도 다양한 애니메이션 효과가 있기 때문에 취향에 따라 선택하는 것이 좋다.

다만 매너리즘에 빠진 듯 애니메이션 효과를 남용하지 않도록 주의하자. 남용은 반드시 식상함으로 이어진다.

| Powerpoint 파워포인트 |
| --- |

# 돋보이고 싶다면
# 도리어 절제하라

스트라이프<sup>사선</sup> 무늬는 인지심리학적으로 상대방에게 신뢰감을 주는 효과가 있다고 알려져 있다. 그래서 많은 비즈니스맨들이 스트라이프 무늬를 선호한다. 그러나 만약 프레젠터가 정장과 셔츠, 타이를 모두 스트라이프 무늬로 치장한다면 어떻게 될까? 그건 오버다. 부담스럽고 촌스러운 인상을 주기 쉽다.

### 과유불급

파워포인트에서도 마찬가지다. 강조 효과의 남용은 강조가 되기보다는 오히려 '산만하다'거나 '정신없다'는 인상을 준다. 우리가 피해야 할 과잉 사용의 예는 다음과 같다.

- '글자 크기 크게, 글자색 굵게, 기울임꼴, 밑줄, 그림자 효과' 등 3가지 이상을 동시에 사용하여 글자를 강조하는 경우

글꼴 크기 크게, 글꼴색, **굵게**, *기울임꼴*, 밑줄, 텍스트 그림자
**등으로 중복강조한 예**

- 슬라이드 전환 효과를 반복적으로 사용하는 경우

필요한 부분에서만 한두 번 사용하는 것은 좋다. 하지만 매 슬라이드마다 전환 효과를 사용한다면 청중은 금세 식상해하고 눈의 피로를 느낀다.

- 애니메이션 효과음을 사용하는 경우

슬라이드 전환 효과와 마찬가지로 식상하다. 효과음은 프레젠테이션의 자연스런 흐름을 깨뜨리고 오히려 청중의 주의를 산만하게 만들 위험이 크다.

- 움직이는 GIF파일을 사용하는 경우

2000년대 초반까지 신선했지만 지금은 더 이상 흥미를 끌지 못한다. 식상하고 유치하다는 인상을 준다. 이는 GIF 파일 뿐만 아니라 클립아트도 마찬가지다.

- 색상을 3가지 이상 쓴 경우

색상의 원칙은 꼭 지켜져야 한다. 본문, 제목, 강조용으로 각각 1개의 색깔을 정해서 일관되게 쓰지 않으면 차라리 단색으로 하는 것만 못하다. 혼란스러워진다.

**Powerpoint** 파워포인트

# 아날로그와 디지털의 조화가 명작을 만든다

파워포인트가 흔하게 사용되지 않던 시절, 누군가 파워포인트를 멋지게 활용해 프레젠테이션하면 그야말로 군계일학群鷄一鶴처럼 보였다. 하지만 시대가 바뀌었다. 요즘엔 초등학생도 파워포인트로 발표한다. 그래서 파워포인트 없이 프레젠테이션을 잘하는 프레젠터가 오히려 차별화되고 돋보인다. 그렇다고 파워포인트를 무조건 쓰지 말아야 할까?

### 시작과 마무리는 아날로그로 참신하게

프레젠테이션의 시작과 끝을 아날로그 방식으로 하면 청중에게 '참신하다'는 인상을 줄 수 있다. 요즘에는 파워포인트로 시작해서 파워포인트로 끝내는 디지털 프레젠테이션이 너무 흔하기 때문이다.

아날로그 방식으로 시작하면 디지털로 시작하는 것보다 청중과의 교감을 더 빨리 만들어 좋은 첫인상을 만드는 데 유리하다. 또, 아날로그 방식으로 끝내면 청중의 가슴을 터치하여 강렬한 끝인상을 남길 수 있다.

### 대표적인 아날로그 방식은 프레젠터의 신체를 활용하는 것

그렇다면 아날로그 방식이란 어떤 것일까? 가장 대표적인 것은 보조도구 없이 오로지 프레젠터의 목소리와 눈빛, 몸짓으로만 내용을 전달하는 것이다.

이 방법은 매우 효과적이지만 타고난 스토리텔러나 숙련된 프레젠터가 아니라면 어려워한다.

### 프랍, 화이트보드, 이젤패드를 사용한 아날로그 방식

아날로그적인 보조도구를 활용하는 방법도 좋다. 프랍, 화이트보드, 이젤패드 등이 좋은 예가 된다. 이 중에서 청중의 시선을 가장 끄는 것은 프랍이다. 프랍이란 프라퍼티즈 properties의 줄임말로 연극에 쓰이는 소도구를 말한다. 프레젠테이션의 프랍은 '현장 데모'를 포함한다.

화이트보드나 이젤패드도 좋은 보조도구다. 평소에 보드나 패드에 글자 쓰는 훈련을 해둔다면 현장에서 삐뚤빼뚤한 자신의 글씨를 보고 당황하는 사태를 막을 수 있다.

화이트보드는 한 번 쓰고 나면 지워야 하는 번거로움이 있지만 이젤패드는 한 장을 뒤로 넘기면 그만이라 편리하다. 게다가 뜯어서 청중이 볼 수 있도록 벽에 붙여둘 수도 있고, 빛의 반사에 의한 눈부심도 적으니 화이트보드보다 여러모로 유익하다. 그렇지만 청중의 규모가 크면 사용할 수 없다.

이상에서 우리는 아마추어 단계를 뛰어넘기 위한 파워포인트 기술을 다루었다. 3가지 핵심을 정리해보자.

첫째, 파워포인트는 훌륭한 시각적 도구이지만 지나치게 의존하지 않도록 해야 한다.

둘째, 파워포인트는 기술적으로 써야 한다. B 버튼과 W 버튼, 스킵 방법, 제목이 나열된 상자에서 원하는 슬라이드 찾는 방법 등을 알아야 한다.

셋째, 절제와 조화가 필요하다. 애니메이션 효과, 강조효과, 이미지 사용 등을 절제하는 것이 필요하다. 슬라이드의 디자인적 조화, 아날로그와 디지털의 조화도 필요하다.

3장에서 우리는 열정적인 전달능력을 학습하였다. 무엇보다 중요한 것은 목소리와 비언어적인 요소에서 열정을 살리는 것이다. 이러한 열정이 결국 흡인력으로 이어진다. 상대적으로 파워포인트는 덜 중요해졌지만, 이것 역시도 전략적인 동시에 기술적인 활용이 필요하다.

# Step 11
## 비주얼 자료 활용 전략 점검하기

1. 내가 준비한 슬라이드 매수에 2분을 곱했을 때 목표로 하는 시간과 비례하는가?
   - ☐ 슬라이드가 기준보다 많다면:
     → 어디를 줄일지 고민하라. 가능하면 배부 자료를 이용하라.
   - ☐ 일치한다.
     → Perfect!
   - ☐ 슬라이드가 기준보다 작다면:
     → 부연 설명할 스토리를 준비하라. 스토리를 말할 때는 B 버튼을 사용하는 연습을 하라.

2. 슬라이드에 다음의 오류는 없는지 점검하라.
   - ☐ 글자로 빽빽한 9행 이상 슬라이드는 없는가?
   - ☐ 뒤에서는 읽기 힘든 작은 글씨 18급 이하는 없는가?
   - ☐ 내용과 일치하지 않는 이미지는 없는가?
   - ☐ 이미지와 텍스트의 배치는 조화로운가?
   - ☐ 지나친 강조나 2중 3중 강조는 없는가?
   - ☐ 컬러는 3색 이내로 통일되게 쓰고 있는가?
   - ☐ 적절한 여백의 미를 살렸는가?
   - ☐ 불필요한 애니메이션이나 효과음은 없는가?
   - ☐ 아날로그적인 조화는 고려하였는가?

# Case study
## 오바마 대통령의 전달능력 분석

유세장의 오바마 대통령. 연출된 이미지로 보이지 않는 자연스러움은 어디서 나오는 것인가.

연설과 프레젠테이션은 많은 차이가 있다. 그러나 말뿐 아니라 신체언어까지 종합적인 매체로 청중에게 영향력을 끼쳐야 한다는 점에서는 동일하다. 오바마가 백악관의 주인이 되기까지 그가 보여준 스피커로서의 강점을 분석해본다.

1. 연단에 오르기
   - 계단을 쓰지 않고 연단에 뛰어 올라간다.
   - 젊고 역동적인 인물로 포지셔닝해서 나이 많고 보수적인 다른 후보들과 차별화된 이미지를 만들어 낸다.

2. 눈맞춤
   - 청중을 여러 개의 소그룹으로 나누어서 응시한다.
   - 좌우 전방에는 프롬프터가 있지만 이것을 보며 말한다는 느낌이 들

지 않게 시선 배분을 잘한다.
- 청중을 그룹으로 나누어 그룹 단위로 눈맞춤 하는 전략은 매우 고급스러운 전략이다. 왜냐하면 멀리 떨어진 군중들은 자신이 있는 위치를 바라보기만 해도 일일이 신경을 쓴다는 인상을 받기 때문이다.

3. 제스처
- 손을 쓰는 제스처는 상황에 따라서 높이를 달리 한다.
- 이 기술은 고도의 훈련에 의해서만 가능한데, 방송에 출연하거나 카메라가 촬영을 할 때는 모니터를 의식해서 모니터 안으로 들어올 수 있게 손의 운동반경을 어깨 위에서 얼굴 주위로까지 높인다.
- 개방된 공간에서는 손의 운동반경을 벨트라인 위에서 가슴까지로 낮춘다. 이러한 행동은 의식적으로 하려 하면 잘 되지 않는다.

4. 공간 활용
- 오바마는 가능하면 강연대 뒤로 숨거나 이를 의지하지 않는다. 마이크를 들고 개방된 공간으로 나와서 말한다.
- 한 곳에 고정되어 있기보다는 좌우로 많이 움직이며 말한다. 모두 역동적인 이미지를 보여주기 위한 것이다.

5. 복장
- 젊은 강점을 부각하기 위해서 정장을 피한다.
- 정장을 입는다면 넥타이를 피한다.
- 문제만 되지 않는다면 셔츠만 입고 팔을 걷어 올린다. 모두 젊고 역동적인 이미지로, 보수적인 인물들과 차별화시키는 전략이다.

# 4장.
# 한국형 프레젠테이션의 완성, 목소리

## Differentiated Voice

목소리 훈련은 한국형 프레젠테이션을 완성하는 마지막 관문이다. 내용과 구조, 전달력에서 모두 차별화 되었다 하더라도, 목소리의 변화는 완성도와 카리스마를 높여주는 화룡점정에 해당한다.

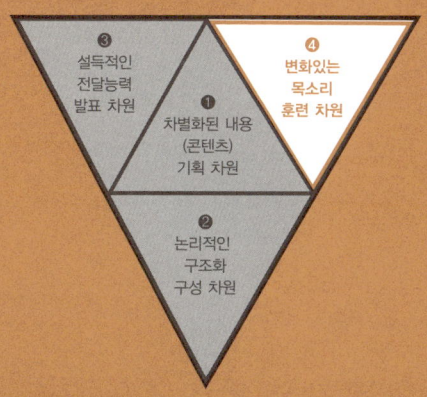

# 12

## Modulation

# Modulation
# 높낮이 변화

프레젠테이션에서 발표자의 목소리에 높낮이 변화가 없다면 어떻게 될까? 책을 읽는 듯 단조로워질 것이다. 만약 단조롭게 모노톤으로 일관한다면 핵심 포인트가 없다고 평가받을 위험이 크다. 그런 평가를 받지 않으려면 목소리를 변화 있게 연출할 줄 알아야 한다.

**Modulation** 높낮이 변화

# 한국인은
# 왜 '책 읽듯' 말하는가

2010년 8월 11일 아침에 나는 MBC 라디오 프로그램에 출연했다. 한 시간 동안 진행된 생방송에서 나는 강석우와 양희은의 〈여성시대〉가 왜 그렇게 장수하는 프로그램이 되었는지 비결을 알았다. 바로 과잉 모듈레이션이었다. 실제 대화보다 과장되게 목소리의 변화를 줘서 방송을 진행한 것이다.

내 목소리는 결코 단조로운 편이 아니다. 그런데 그 두 사람의 목소리는 스튜디오 안에서 지나치게 튀고 있었다. 결국 내 목소리는 상대적으로 단조롭게 들렸다. 일반적으로 프레젠테이션을 성공시키려면 목소리와 제스처, 표정에서 필요 이상으로 과잉되게 표현하는 것이 필요하다고 하는데, 그 이유를 다시 한 번 절실히 깨달았다. 대개 한국인의 프레젠테이션이 모노톤이 되는 이유는 다음 4가지다.

### 한국인의 목소리가 단조로운 4가지 이유

첫째, 한국어는 영어를 비롯한 서양 언어에 비해서 고저의 변화가 적다. 그래서 특별히 훈련받은 사람이 아니면 말하는 것이 책을 읽는 것처럼 단조롭게 들린다.

둘째, 한국인은 대부분 초등학교에서 읽기 훈련을 잘못 받았다. 예를 들면 초등학교의 1학년 국어 시간에는 독특한 리듬을 가지고 읽도록 가르친다. 초등학생들의 읽기 실력에 맞춰 자간을 일정하게 띄워 읽게 하고 끝의 모음도 길게 발음하게 한다. 학년이 올라가서 읽기가 익숙해지면 자간의 간격은 짧아지지만, 문장 끝의 모음을 길게 발음하는 습관은 그대로 남게 되기 일쑤다. 특히 '~까, ~다' 음이 그렇다. 'ㅏ' 음이 너무 길다.

셋째, 우리나라 교과과정에는 발표 형태의 '말하기' 관련 과목이 편성되지 않는다. 말하기, 연설법 등이 의무적으로 편성되는 서양의 교과과정과 상당히 다르다. 때문에 우리나라 사람들은 학교에서 말하기 훈련을 체계적으로 받은 적이 없다. 그래서 공식 석상이나 회의 석상에서 대화하듯 자연스럽게 말하지 못하고, 책을 읽듯 모노톤으로 말하는 경향이 크다.

넷째, 원고를 써서 암기하려 하기 때문이다. 원고를 써서 암기하게 되면 기억 속의 원고를 읽게 된다. 당연히 단조로워질 수밖에 없다. 이처럼 원고에 의존하려는 경향은 내향적인 사람들에게 더욱 심하다.

한국인의 말이 왜 단조로운지 알았다면, 이제 단조로운 톤을 벗어나는 방법을 개발해보자.

## Modulation 높낮이 변화
# 지루한 모노톤에 변화를 주는 법

모노톤의 목소리에 변화를 주려면 다음 5가지 요령을 실천해 보자. 꾸준히 연습해서 내 것으로 만들어야 효과가 있다.

❶ 프레젠테이션 할 내용을 출력한 다음 슬라이드의 각 장마다 3개의 핵심단어를 찾는다. 4개 이상의 핵심단어는 너무 많고 2개 미만은 너무 적다. 아래의 슬라이드 예에서 핵심단어를 찾아보자. 자신이 발표한다면 어떤 단어를 강조하고 싶은가?

---

**1. 제안내용 개요**

1. 제안 목적
   STC사 입사 2년차 사원들의 커리어를 분석 진단하고 향후 커리어개발 방향을 제시하는 교육과정 제안

2. 제안 내용의 특징
   – 세계적으로 공인된 진단도구 사용
      LSI Human Synergistics International

   – 강의와 팀 코칭의 병행으로 코칭의 효과 제고
   – 경험 많은 커리어코치들의 투입
   – 실현 가능한 '커리어개발계획' 도움

2010-07-19

❷ 내가 스크립트를 만들기 위해 핵심단어로 뽑은 것은 '진단, 방향, 팀 코칭'이다. 핵심단어를 눈에 띄게 하고 다음과 같은 스크립트를 준비할 수 있다.

---

### 1. 제안내용 개요 스크립트

1. 이 제안의 목적은 크게 두 가지로 압축됩니다.
   입사 2년차 사원들의 커리어를 분석하여 **진단**하고
   향후 커리어개발의 **방향**을 제시하는 것입니다.
2. 제안 내용의 특징도 두 가지로 압축됩니다.
   먼저 세계적으로 공인된 진단도구를 사용한다는 점입니다. HumanSynergistics사의 진단도구는 세계적으로 가장 많이 쓰이는 도구입니다. 이 도구를 이용하면 조직문화와 직원 개개인의 적합도도 동시에 진단이 가능해집니다.
   두번째는, 강의와 **팀 코칭**을 병행해서 코칭의 효과를 극대화 한다는 점입니다. 그러기 위해서는 저희들은 경험이 많은 커리어코치들을 투입하고, 과정이 끝날 때까지는 개인별로 실천 가능한 '커리어개발계획'을 도출하도록 돕겠습니다.

2010-07-19

---

❸ 앞의 스크립트에서 핵심단어들이 다른 단어들과는 차별화되도록 읽는 방법을 4선지에 표기한다. 강조할 단어의 앞에서부터 톤이 올라가는 것은 연음이 적은 한국어의 발음구조에서 연유한다. 뒤의 단어를 강조하기 위해서 강조할 단어의 한두 단어 앞에서부터 끌어올리는 '도움닫기'가 필요하기 때문이다.

4선지에 표기된 것처럼 강조할 음과 그렇지 않은 음 사이에는 최소 2음계, 이상적으로는 3음계의 차이를 두어야 한다. 그러나 한국인들은 1음계 차이도 주지 않는 사람들이 대부분이다. 그래서 단조롭게 들린다.

4선지 위의 '⟨' 표기는 그 음에 강세를 주라는 것이다. 단, 주

의점이 있다. 이 부분은 어디까지나 보컬라이제이션$^{vocalization;\ 발성}$ 연습을 위한 것으로, 만약 실제 프레젠테이션에서 이렇게 스크립트를 작성하고 암기하게 되면 자연스러움을 상실하게 될 우려가 있다. 스스로는 그런 느낌을 주지 않으려 노력해도 듣는 사람은 미묘하게 마치 책을 읽는 듯한 느낌을 받는다.

따라서 가장 좋은 방법은 이 부분을 연습용으로만 쓰는 것이다. 충분히 연습한 다음에는 의도적으로 하지 않아도 자연스럽게 높낮이의 변화가 가능해질 것이고, 그것이 이 훈련의 목적이다.

이와 같은 체화 과정에는 적어도 하루 15분 이상 2회씩, 한 가지의 스크립트를 놓고 연습해보는 것이 필요하다. 적어도 21일$^{3주}$ 이상 거르지 않고 지속해야 발음이 혀에 익숙해지고 발성법이 호흡과 성대에 익숙해진다.

이 제안의 목적은 크게 두 가지로 압축됩니다. 첫째는, 입사 2년차 사원들의 커리어를 분석하여 << 진단하는 것이고, 둘째는, 향후 커리어 개발의 << 방향을 제시하는 것입니다.

제안 내용의 특징도 크게 두 가지로 압축됩니다. 첫째는, 공인된 진단도구를 쓴다는 점입니다. 이 도구를 쓰게 되면 조직문화와 직원 개개인의 적합도를 <<< 진단할 수 있습니다. 두 번째는, <<< 팀코칭을 병행한다는 점입니다. 이 분야에서 오랜 경험을 가진 코치들이 투입되어서 개인별로 커리어 개발 전략을 세우도록 도울 것입니다.

**Modulation** 높낮이 변화

# 원래 목소리가 작은데 어떡하죠?

음정 조절이 강조할 부분에서 이루어진다면 완성된 것인가? 높낮이의 조절만 이루어져도 80%의 차별화는 된 것이다. 그러나 여기서 만족하지 말자. 나머지 20%에 도전해보자.

**볼륨의 조절**

"나는 목소리가 너무 작아요" 하는 사람들이 약 15%에서 20%는 된다. 목소리가 작다는 것은 볼륨이 작다는 것이다. 목소리의 볼륨 조절은 단위시간당 성대를 거쳐 나가는 공기의 양에 의해 결정된다. 호흡을 깊게 해서 내쉬는 숨이 커지게 하면 볼륨이 커진다. 복식호흡을 권장하는 이유는 이 때문이다.

복식호흡은 오랜 훈련이 필요하고, 나이가 들수록 어려우므로 흉식호흡으로 호흡을 깊게 하는 법도 익혀두자. 자세를 곧게 해서 가슴을 펴고 가슴갈비뼈이 들리도록 크게 호흡한다. 그러면 횡경막이 올라가서 힘 있는 소리를 낼 수 있다.

목소리와 체구가 작아서 힘이 없어 보이는 사람들은 다음과 같이 훈련해보자. 지속적으로 21일 이상, 하루에 적어도 15분 이상씩 연습하면 근육이 그것을 기억하게 된다.

▶ 1단계로, 선 자세에서 한쪽 다리를 사진과 같이 45도 각도로 들어올린다. 그러면 다리의 무게 때문에 복근이 약간 긴장하게 된다. 이때 프레젠테이션 스크립트를 읽어본다. 읽으면서 소리의 차이를 귀로 느껴본다. 소리에 더 힘이 느껴질 것이다. 1단계로 만족하지 못한다면 2단계를 시도해본다.

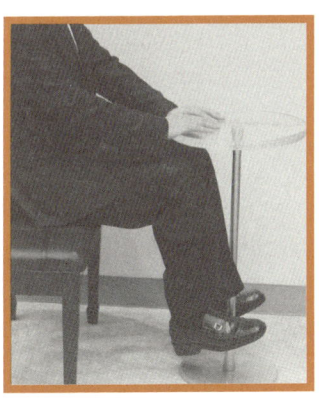

▶ 2단계로, 의자에 앉되 엉덩이만 걸치고 앉는다. 이 자세에서 두 다리를 바닥에서 들면 몸이 앞으로 쏠리기 때문에, 사진과 같이 앞에 있는 책상을 한 손이나 두 손으로 잡고 몸을 지탱해야 한다. 이 자세에서 스크립트를 읽어보자. 이 자세에서는 복부근육 전체에 큰 힘이 들어가기 때문에 소리가 더 힘 있게 난다. 마음에 드는 소리가 날 때 그 소리를 기억하고, 21일이 지난 다음에는 다리를 들지 않고 같은 소리를 내려고 노력한다.

## Modulation 높낮이 변화

# 낮지만 강한
# 목소리의 힘

소리의 강약은 어떻게 조절될까? 악기와 성대의 소리가 같은 방법으로 조절될까? 아니다. 만약 피아노로 강한 소리를 내려면 해당 건반을 더 강하게 두드리는 수밖에 다른 방법이 없다. 그러나 악기는 할 수 없는 일을 성대는 할 수 있다. 목소리는 죽이되 강하게 말할 수 있는 것이 그 예다.

### 강한 소리는 큰소리, 높은 소리와 어떻게 다른가

서양에서 아이들이 조용한 레스토랑에서 떠들 때 어른들이 제지하는 모습을 보라. 어른들은 낮은 목소리로, 그러나 강한 어조로 말한다. 낮은 목소리지만 어조가 강하기 때문에 아이들이 복종하게 된다. 강한 소리가 클 필요는 없다.

높은 소리는 성대의 떨림판을 좁게 자주 떨리게 할 때 생긴다. 그러나 강한 소리는 진동횟수와는 무관하다. 성대 주변 근육을 얼마나 긴장시켜서 말하는가에 달렸다. 강한 소리란 높은 소리를 말하는 것이 아니라 발성기관이 긴장해서 내는 소리를 말하는 것이다.

### Modulation 높낮이 변화

# 깊고 묵직한 소리를
# 연출하는 법

소리에는 여러 가지 색깔이 있다. 떠 있는 듯 가벼운 소리, 무게감 있는 소리 등 다양한 음색이 있지만 프레젠터에게 필요한 소리는 주로 무게 있는 소리다. 어떻게 하면 음색이 조절될까?

음색의 조절은 성대의 길이와 관계된다. 왼쪽 사진처럼 목이 앞으로 빠지고 턱이 들리면 성대의 길이가 길어져서 가벼운 소리가 난다. 반면, 오른쪽 사진처럼 목을 몸과 직선으로 세우고 턱을 안으로 당기면 깊고 무게감 있는 소리가 나온다.

▶ 목이 앞으로 빠지고 턱이 들린 상태에서는 무게감 있는 소리가 나올 수 없다.

▶ 목이 몸과 직선을 이루고 턱이 당겨진 상태에서만 좋은 음색의 무게 있는 소리가 나온다.

프레젠테이션을 할 때 한국인은 턱이 들리는 비율이 20%가량 된다. 이유는 청중과 눈을 맞추지 않고 15도 정도 상방향을 응시해 얼굴이 들리기 때문이다. 이러한 상태에서는 좋은 목소리가 나오지 않는다. 턱을 낮춰서 청중과 얼굴을 맞출 때 목소리도 울림이 생긴다.

# Step 12
## 울림 있는 목소리 만들기

1. 내 목소리가 지닌 강점과 약점은 무엇인가?
   - ☐ 변화 있는 목소리
   - ☐ 단조로운 목소리
   - ☐ 볼륨감이 있는 소리
   - ☐ 약한 소리
   - ☐ 강약의 조절이 가능한
   - ☐ 강약의 변화가 없는
   - ☐ 음색의 변화가 있는
   - ☐ 변화가 없는

2. 무게감 있는 소리를 만들기 위해서 어떤 연습을 할 것인가?
   - ☐ 큰 소리로 책읽기
   - ☐ 복근을 긴장시키고 책읽기
   - ☐ 턱을 당기고 말하기
   - ☐ 전문가의 지도로 실전 프레젠테이션 훈련하기

# 13

## Pace

## P a c e
# 완급의 변화

건강한 심장은 일정한 페이스pace를 가지고 있다. 분당 75회 내외면 적당한 페이스다. 마라톤에도 필요한 페이스가 있다. 너무 빠르면 마의 32킬로미터 벽을 넘지 못하고 탈진할 것이고, 너무 느리면 목표로 하는 기록을 내지 못하게 된다.

같은 맥락에서 말에도 적당한 페이스가 있다. 자신에게 맞는 페이스는 어떤 것일까?

**Pace** 완급의 변화

# 말의 속도가 가진 두 얼굴

강석우 양희은의 〈여성시대〉방송을 마치고 오자 아내는 이렇게 말했다. "당신 말이 너무 빨랐어!" 특히 초반부에서 빨랐다고 한다. "할 말은 많은데 시간은 고작 45분이어서 그랬던가봐" 했더니 "중간광고 뒤의 후반부에서는 여유를 찾았는데 말이야. 처음부터 그런 페이스로 했더라면 더 좋았을 걸" 한다. 내 아내는 내게 가장 정직한 비평가다.

아내의 말처럼 내 말은 빠르다. 빠르지만 항상 빠른 것은 아니다. 특히 긴장했다거나 시간에 쫓기고 있을 때 빨라진다. 그러면 빠른 말 때문에 나는 항상 손해만 보는 걸까? 그렇지는 않다. 말이 빨라서 오히려 '다이내믹하다'는 평가를 듣는다. 이처럼 말의 속도란 두 개의 얼굴을 가졌다.

만약 내가 계속해서 빠르게 말한다면 어떻게 될까? 방송에서도 아마 출연요청이 오지 않을 것이다. 여러 방송에서 출연요청을 하는 것을 보면 빠른 말 속에도 쓸모 있는 구석이 있는 모양이다. 그것이 뭘까?

나는 그것이 완급의 조절능력이라고 본다. 빠를 때는 빠르지만, 강조할 부분에서는 의도적으로 천천히 또박또박 말하기 때문이다. 적절한 속도 변화는 말에서도 매우 중요하다.

### 말의 표준속도라는 것이 있는가

말의 빠르기는 인상을 형성하는 데 큰 역할을 한다. 그렇다면 이런 의문이 들 것이다. 모든 사람에게 말의 빠르기는 동일해야 하는가? 적절한 빠르기는 무엇인가?

말의 빠르기에 정답은 없다. 있어서도 안 된다. 왜냐하면 사람마다 말의 빠르기를 다르게 타고나기 때문이다. 체형이나 구강 구조, 호흡기와 성대, 심폐 기능, 사고 패턴에 따라서도 말의 빠르기는 제각각 달라진다.

그렇다고 타고난 그대로 살라 하는 것은 아니다. 연극무대에서 극중 인물이 살아나는 순간은 등장인물의 캐릭터가 연기자와 부합되어서 마치 동일인인 듯한 느낌을 줄 때인 것처럼, 우리도 누구나 자기다워야 한다.

내 경우는 말이 빠른 편이다. 분당 90단어[1]를 표준으로 친다면 나는 때때로 분당 100에서 110단어 정도를 말한다. 그래서 피곤할 때는 말이 엉키기도 한다. 그러나 빠른 말씨 때문에 매우 '적극적'이란 평가도 듣고 '에너지가 있다'는 소리도 듣는다. 이런 말들은 나의 특성을 잘 대변해준다.

일반적으로 생각이 빠른 사람들, 성격이 급한 사람들이 말이 빠르다. 말이 생각을 따라가기에 바쁘기 때문이다. 생각에 제동을 걸 방법이 있는가? 만약 없다면 어떻게 말해야 자기다워지는 것인가?

**Pace** 완급의 변화

# 말에서도 자기다운 것이 가장 좋은 것!

말의 속도가 달라지면 듣는 이에게 어떤 다른 느낌을 주게 될까? 내가 지금까지 관찰해본 결과는 이렇다.

말이 빠르면 적극적이고 에너지가 있어 보인다. 반면 침착성은 떨어져 보인다. 반면, 말이 느리면 침착하게는 보이지만 에너지나 적극성이 없어 보인다. 모두 일장일단이 있다. 그러나 중요한 것은 '자기다워지는 것'이다.

프레젠테이션과 방송은 다르지만 김주하 앵커의 예를 들어보자. 만약 김주하 앵커가 분당 80단어 정도로 천천히 차분하게 말한다면 어떻게 될까? 신체적 이미지와 전혀 어울리지 않는다. 김주하 앵커는 손석희 앵커에게 일을 배웠다. 손석희 앵커도 말이 빠르다. 그런 관계로 말의 빠르기에 영향을 주었을 것이다. 만약 두 사람의 말이 느릿느릿하다고 상상해보라. 지금처럼 액티브하고 박진감 넘치는 맛깔스런 방송이 가능해질까?

**말의 속도는 한 사람의 트레이드 마크가 되기도 한다**

MBC TV 〈황금어장〉의 '무릎팍 도사'를 진행하는 강호동이 말하는 스타일이 지금 같지 않고 차분하게 조근조근 말하는 스타일이라면 그 코너를 맡을 수 있었을까? 내 경우 그런 프로그램에서는 재미를 못 느낄 것 같은데, 다른 사람들이라고 그리 다를 것 같지는 않다.

말의 속도는 이처럼 타고나는 것이다. 아니면 자신의 신체조건을 반영해서 자신에게 맞게 최적화되어 있는 경우가 대부분이다. 따라서 큰 문제가 된다면 고쳐야겠지만, 그렇지 않다면 자신의 페이스를 지키는 것이 자연스럽다. 그리고 자기답다.

**Pace** 완급의 변화

# 내 이미지에 맞는 말의 속도를 찾아라

아무리 자기답다 해도 듣는 사람이 듣기에 거북하다면 문제다. 두 사람의 예를 보자.

내 주변에는 키가 180센티미터이고 체중이 100킬로그램이나 되는 사람이 있다. 거기에다 눈까지 크고 부리부리하다. 그의 문제점은 체격에 있지 않다. 말이 빠르다는 것이 문제다. 그래서 상대방에게 압도하는 듯한 느낌을 준다. 때로는 이러한 인상이 유리하기도 하겠지만 조직을 대변해야 할 입장이라면 문제가 되기 때문에 말의 속도를 체격에 맞게 늦추는 것이 좋다. 이는 얼마든지 훈련으로 가능한 일이다.

내 주변에는 왜소한 체격에 말까지 또박또박 하는 사람도 있다. 이 분의 작은 얼굴과 좁은 어깨, 조심스런 걸음걸이를 보는 순간 선입견이 형성된다. 침착하고 꼼꼼하기는 하겠지만 약하고 에너지가 없어 보인다는 선입견 말이다. 이런 선입견을 남들에게 주고 싶은 사람은 없을 것이다. 이 분이 만약 말을 좀더 빨리, 힘있게 하도록 훈련받는다면 어떻게 될까? 적어도 에너지가 부족하다는 말은 듣지 않을 것이다.

외국의 연구결과를 보면 빠른 말에 대한 평가는 대체로 긍정적이다. 말이 빠른 사람이 느린 사람에 비해서 좋은 평가를 받는데 대표적인 평가로는 ① 신뢰가 가고 ② 자신감 있어 보이고 ③ 지적이고 효과적❷으로 보이는 것 등이다.

말의 빠르기가 자기답다면 문제가 될 것이 없다. 그러나 자신의 이미지가 마음에 들지 않는다면 고칠 필요도 있다.

### 빠른 말투를 교정하는 법

말이 지나치게 빠른 사람은 입을 크게 벌리지 않고 말하는 습관이 있다. 혀와 입이 움직이는 동선이 짧아져 빠른 말이 가능해지는 것이다. 이런 경우에 아래 위로 입을 크게 벌리고 발음하게 되면 말을 빨리 해도 자연적으로 글자가 하나하나 분명하게 발음된다. 특히 모음 중에서 'ㅏ ㅑ ㅓ ㅕ ㅗ ㅛ ㅜ ㅠ'를 충실하게 발음하면서 다음 글을 소리내어 읽으면 좋다.

"나는 나의 어머니와 아버지를 사랑합니다."

거울을 보면서 자신의 입모양을 관찰하면 더 효과적이다. 특히 '아버지'와 '사랑합니다'란 단어를 입을 크게 벌리고 발음하자.

말의 속도에서 핵심은 3가지다. 첫째, 사람마다 자신의 신체조건에 맞는 자신만의 속도를 찾아야 한다. 둘째, 말의 속도는 사람의 인상 형성에 결정적인 역할을 한다. 셋째, 말의 속도는 훈련으로 조정이 가능하다. 그러므로 지속적인 훈련이 필요하다.

# Step 13
## 내게 맞는 말의 속도 찾기

1. 다음 제시문을 프레젠테이션하듯 읽고 시간을 측정해보자. 말의 빠르기가 어디에 해당하는지 알아보고 대책을 찾아보자.

> 자그마치 8만 명이나 운집한 군중 앞으로, TV로 지켜보는 수백만의 유권자 앞으로 당당하게 걸어 나오는 사람이 있습니다. 그의 발걸음은 활기차고, 만면에 미소를 띠고 있습니다. 그는 팔을 뻗어 환호하는 군중들에게 손을 흔들어 보입니다. 짙은색 정장에 흰 드레스셔츠, 푸른색과 붉은색이 사선으로 교차하는 타이를 매고 강연대 뒤에 굳게 섭니다. 청중에게 자신도 박수를 보내면서 "감사합니다". "감사합니다. 여러분"을 박수가 멎을 때까지 반복합니다. 드디어 박수가 멎자 그는 통나무처럼 굵은 목소리로 준비된 연설을 토해냅니다.
> 이 장면은 마치 1961년 "내게는 꿈이 있습니다"란 연설을 하는 마틴 루터 킹 목사를 연상시킵니다만 이 사람은 2008년 민주당의 미국 대통령 후보 지명을 수락하는 버락 오바마입니다.

☐ 이 제시문을 50초 내외로 소리내어 읽는다면 빠르다. 말이 빠르면서 정확한 발음이 가능한가?
만약 그렇다면 어떻게 고칠 것인가? 페이스의 변화가 오히려 에너지나 자신감이 없어 보이게 하지는 않을까?
☐ 제시문을 1분 10초 이상 걸려서 읽는다면 말이 느린 것이다. 말이 느려서 에너지가 없어 보인다는 말을 듣는가?
만약 그렇다면 어떻게 고칠 것인가? 페이스 변화가 오히려 말을 부자연스럽게 만들지는 않을까?

2. 내 말의 속도가 나의 체형과 이미지에 어울리는지 해당 박스에 체크해보자.
☐ 잘 어울린다.
→ 그렇다면 고칠 필요가 없다.
☐ 어울리지 않는다.
→ 그렇다면 고쳐야겠지만 쉬운 일은 아니다. 1차적으로 시도해볼 방법은 벤치마킹

대상자의 말을 녹음해서 따라 해보는 것이다. 단, 이 경우에는 상황과 목적에 맞는 목소리여야 한다.

3. 벤치마킹 대상자 선정
　― 누구를 벤치마킹할 것인가
___

___

___

___

___

___

___

　― 어떤 점을 중점적으로 배울 것인가
___

___

___

___

___

___

13

# 14

15

16

*Vowel variety*

Vowel variety

# 장단의 변화

 만약 우리 가락의 굿거리장단을 정박자로 연주한다면 어떻게 될까? 그것은 더 이상 우리 가락이 아닐 것이다. 우리 가락의 매력이 독특한 장단에서 나오듯 우리 말의 매력도 장단이 있을 때 살아난다.

**Vowel variety** 장단의 변화

# 작은 차이가 만들어 낸 큰 차이

외국인이 한국어학당에 와서 열심히 한국말을 배웠어도 우리 귀에는 어색하게 들리는 이유가 있다. 그들이 장단의 차이를 정확히 구별하지 못하기 때문이다. 우리는 우리말의 뒤에 숨어 있는 한자의 의미를 알고 발음하므로 장단이 확실히 구별되지만, 외국인은 단지 기계적인 기억에만 의존해서 말하기 때문에 어색하게 들린다.

우리말을 우리말답게 하려면 정확한 장단의 구별은 물론, 장단의 변화에 따른 어감 차이까지 알아야 한다. 외국인에게 우리말이 어려운 부분은 어떤 점일까? 그들에게 가장 어려운 것은, 소리의 길이가 다르지만 표기가 동일한 단어들이 많다는 것이다. 한자적인 배경을 잘 알지 못하는 젊은 세대에게도 이러한 것은 어려운데, 외국인에게 어려운 것은 당연하다.

### 장단음 구별하기 과제

다음 예를 보면 한자어로 장음과 단음을 구분해서 발음해야 하지만 한글표기는 동일한 단어들이 있다. 쌍을 이룬 단어들 중에서 밑줄 친 글자 중 어떤 글자가 장음인지 맞춰보자.

| | |
|---|---|
| 1. <u>가공</u>할 위력 | 1-1 <u>가공</u>공장 |
| 2. <u>감사</u>부서 | 2-1 <u>감사</u>편지 |
| 3. <u>농축</u>산물 | 3-1 <u>농축</u>원액 |
| 4. <u>무용</u>지물 | 4-1 <u>무용</u>선수 |
| 5. 증인<u>신문</u> | 5-1 조간<u>신문</u> |
| 6. <u>전력</u>공급 | 6-1 <u>전력</u>질주 |
| 7. <u>중복</u>더위 | 7-1 <u>중복</u>기록 |

해답 1, 2-1, 3-1, 4-1, 5, 6, 7-1

### 자신만의 장단과 박자를 찾자

장단은 일정한 시간을 두고 규칙적으로 반복되는 박자를 말한다. 마치 음악이 그러하듯 프레젠테이션에도 장단과 박자가 있다. 그러나 음악의 장단은 디지털적으로 표현이 가능하지만 프레젠테이션에서는 아날로그적으로만 표현된다. 음표나 기호로 표현할 수 없는 한계가 있다.

그러나 자신만의 장단이 있어야 개성 있는 프레젠테이션이 가능하다. 대체 어떤 장단이 바람직한 장단일까?

구수하면서도 말에 장단이 있는 최불암 씨의 말을 들어보라. 말 한마디 한마디의 간격이 일정하지 않다. 악보로 설명하자면 점8분음표에 해당하는 것이 중간의 말들이고, 처음의 말은 8분음표에 해당한다. 7글자에서 9글자 단위로 이러한 장단의 변화가 반복된다. 맛깔스럽게 말하기로 소문난 최화정 씨도 그러한 특성을 보인다. 이러한 장단의 변화가 사람마다 다른 고유한 어투를 만들어 낸다. 어투가 다르기 때문에 사람들은 말의 한 대목만 들어봐도 그가 누군지 알 수 있게 된다.

### 너무 틀에 얽매이지는 말자

사람마다 걸음걸이가 다르다. 그러나 사람이 걷는 것을 보면 직선으로만 가지 않고, 약간씩 좌우로 움직이며 걷는다. 직선으로만 걷는다면 로봇일 것이다. 말도 그렇다. 일정한 장단만 따른다면 매우 단조로운 어투가 된다. 그래서 약간씩 틀을 벗어나는 것이 필요하다. 마치 재즈 뮤지션이 즉흥 연주를 하거나 음악에 불협화음이 있는 것처럼 말이다.

**Vowel variety** 장단의 변화

# 'ㅏ' 하나로 달라지는 확연한 느낌 차이

말의 장단에서 모든 모음은 중요하지만, 특히 끝의 모음 변화는 많은 느낌 차이를 만들어 낸다. 대부분의 프레젠테이션이 '~까?'와 '~다'로 끝나기 때문에 'ㅏ' 음의 길이가 중요하다. 발음법에 따라서 어떤 느낌 차이가 있는지 살펴본다.

### 'ㅏ' 음이 긴 경우

"~하였습니다"에서 'ㅏ' 음을 길게 발음하면 어떤 느낌을 줄까? 길게 발음하면 부드러운 느낌을 준다. 남성보다는 여성들이 길게 발음한다. 그러나 'ㅏ' 발음이 길면 마치 책을 읽는 듯한 느낌도 준다. 자신의 인상이 매우 근엄하거나 딱딱하다면 역으로 길게 발음하는 것도 시도해볼 만하다.

### 'ㅏ' 음이 짧은 경우

"~하였습니다"에서 'ㅏ' 음이 짧게 발음되면 어떤 어감을 줄까? 딱딱하기는 하지만 프로페셔널한 느낌을 준다. 자신의 이미지가 부드럽기만 하다면, 짧게 발음하는 시도도 필요하다.

**Vowel variety** 장단의 변화

# 스타카토식 발음법 vs 레가토식 발음법

스타카토식 발음과 레가토식 발음은 받침의 차이에서 온다. 스타카토는 받침을 앞 말에 바로 붙이는 발음법이다. 예를 들어, "안녕하세요"란 발음을 한다면 레가토식은 "아-ㄴ 녀-ㅇ하세요" 식으로 발음하는 것을 말한다. 반면 스타카토식은 딱딱 끊어지게 받침을 앞 글자에 즉시 붙이는 발음법이다.

이 둘의 차이는 어떤 느낌의 차이를 만들어 낼까?

### 스타카토식 발음법

매우 딱딱한 느낌을 준다. 스타카토식 발음을 한다면 매우 합리적일 것 같지만 인간미가 없어 보일 것이다. 여성의 경우 남성보다 더 쌀쌀맞아 보인다.

이러한 발음법은 자신을 강하게 대변해야 할 경우에 쓰면 효과적이다. 발음이 딱딱부러지면 다른 사람이 나를 약하게 보지 못할 것이기 때문이다.

## 레가토식 발음법

부드럽고 여유 있게 보이겠지만 강한 면이 부족해 보일 것이다. 조직 내의 지위나 역할에 따라서 부드러워 보일 필요가 있다면 시도해볼 만하다. 특히 관계 유지 차원에서 참석한 파티나 공식 석상에서 대화하거나 건배사를 할 때 쓰면 분위기에 어울린다.

이러한 발음 차이는 구강 구조와 혀의 조화로 결정된다. 혀가 너무 길면 레가토식 발음이 나고, 너무 짧으면 스타카토식 발음이나 혀 짧은 받침이나 말끝이 부정확한 소리가 난다.

## 선천적인 발음의 한계를 극복하는 법

이러한 신체구조를 고치는 것은 거의 불가능하므로 다른 측면에서 보완하는 것이 현명하다. 목소리가 아닌 복장 연출을 통해서도 부드러운 이미지를 덧씌울 수도 있고 강한 이미지를 줄 수도 있다.

대비효과가 강한 짙은 색의 정장은 강한 이미지를 준다. 반대로 옅은 색이나 밝은 색에 대비효과가 적은 복장 코디는 부드러운 느낌을 준다.

복장에서 강한 대비효과를 살리는 다른 방법은 소품을 이용하는 것이다. 남성의 넥타이는 스트라이프에다 색상 대비가 강한 것이 강한 이미지를 준다. 여성들의 경우에는 여성스런 블라우스 대신 컬러가 있는 남성스런 셔츠가 강한 인상을 준다.

이상에서 살펴본 것처럼 맛깔스런 프레젠테이션을 위해서는 말의 장단이나 발음법에도 신경을 써야 한다. 다음 3가지를 꼭 기억하자.

첫째, 우리말의 어감을 살리려면 장모음과 단모음을 정확히 구분해서 발음해야 한다.

둘째, 자신의 이미지에 맞게 끝모음을 적절한 길이로 발음해야 한다.

셋째, 레가토식과 스타카토식 중에서 자신의 이미지에 어울리는 스타일로 발음하도록 노력해야 한다.

# Step 14
## 장단에 변화 주기

1. 다음 3개의 항목 중에서 해당하는 것을 찾아 박스에 체크해보자.
   ☐ 나는 끝 모음을 길게 발음하는 경향이 있다.
   → 본인이 스스로 발견하기는 어려운 부분이다. 전문가의 도움이 필요하다. 자기 목소리를 녹음해서 다른 사람의 목소리와 객관적인 관점에서 비교해보는 것도 한 방법이다. 최대한 짧게 발음하려 노력한다. 짧게 했을 때의 느낌이 자신에게 어울리는지도 평가해본다.

   ☐ 나는 발음이 대부분 레가토식이다.
   → 외국 생활 경험이 많다면 예외겠지만 그것이 아니라면 발음 훈련을 다시 해야 한다. 발음 하나 하나의 모음을 짧게 내도록 훈련한다. 짧게 한 발음이 전혀 자신에게 어울리지 않는다면 다른 대안을 시도해본다. 전문가의 도움을 청하거나 벤치마킹 대상자를 정해두고 목소리를 녹음해서 모방하는 것도 대안이 된다.

   ☐ 나는 발음이 대부분 스타카토식이다.
   → 지나치게 딱딱하게 들릴 수 있다. 부드러운 느낌이 나도록 모음 발음을 길게 연습한다. 이 경우에도 자신에게 어울리는지 여부를 확인한다.

# 15

*Pause*

# Pause
# 포즈의 변화

만약 녹음기에 포즈<sub>pause: 일시정지</sub> 기능이 없다면 어떻게 될까? 지금보다 훨씬 불편한 기기가 될 것이 분명하다. 왜냐하면 포즈 기능은 사용자가 자신이 필요한 만큼 자유롭게 쉬어 갈 수 있는 기능이기 때문이다. 프레젠테이션에서 포즈도 이와 같다.

> **Pause** 포즈의 변화

# 청중을 사로잡는 잠깐의 침묵

능숙한 프레젠터와 아마추어를 구분하는 손쉬운 방법은 뭘까? 포즈를 적절하게 쓸 줄 아는지 보는 것이다. 포즈를 적절히 쓴다는 것은 어디에서 강조하고, 어디에서 여유를 부려야 할지를 안다는 것이고, 계획한다는 의미이다.

포즈만큼 프레젠테이션에서 다목적으로 쓰이는 것이 있을까? 포즈만큼 전달효과를 높여주는 것이 있을까? 아마 없을 것이다. 포즈는 그만큼 유용하다. 먼저 포즈의 사용 목적을 우선순위대로 정리해본다.

❶ 할 말을 강조하기 위해서. 강조의 목적일 때는 강조 어구 직전에 써야 한다.
❷ 이미 한 말을 들은 이가 음미<sub>소화</sub>하도록 여유를 주기 위해서. 음미할 시간을 주려면 주요 어구 바로 뒤에 써야 한다.
❸ 질문에 답할 기회를 주기 위해서.
❹ 수사법적 질문에 대해 생각할 시간을 주기 위해서.
❺ 잊어버린 내용을 확인할 여유를 가지기 위해서.

`Pause` 포즈의 변화

# 포즈의 길이에도 정답이 있다

포즈는 용도에 따라서 적당한 길이가 정해진다. 용도와 무관한 길이란 있을 수 없다. 사용 목적에 부합하는 적절한 길이를 찾아보자.

### 긴 포즈

가장 긴 포즈는 질문을 던지고 답을 기다리는 동안일 것이다. 이런 시간은 질문의 종류에 따라서 간단한 질문이면 3~4초, 깊은 생각이 필요한 질문이면 15~20초 정도까지 길게 포즈를 해도 좋다.

### 중간 포즈

앞 단락의 내용을 요약하고 뒷 단락으로 넘어갈 때에는 중간 정도의 포즈가 필요하다. 청중이 내용을 소화할 시간을 주기 위해서 5~7초 정도 여유 있는 포즈가 필요하다.

### 짧은 포즈

말을 끊어 하는 경우는 1초, 특정 단어를 강조하기 위한 경우는 2초~3초 등 다양하게 쓸 수 있다. 평소에 말을 빨리 하는 사람일수록 포즈의 효과는 더 커진다. 대비효과 때문이다.

포즈를 연습할 때는 방송 앵커들이 사용하는 방법을 쓰는 것도 좋다. 아래의 예에서처럼 '/' 은 짧게, '//' 는 중간 정도, '///' 는 길게 포즈를 주는 것으로 계획해본다.

> "우리는 / 과거로 돌아갈 수 없습니다. // 혼자 살 수도 없습니다. /// 지금 이 순간 / 선거에 임하면서 / 우리는 함께 / 미래 속으로 행진해 가겠다는 // 맹세를 해야 합니다. /// 그리고 그 약속을 지켜야 합니다."
> — 오바마의 2008년 대통령 후보 수락 연설문 끝부분에서

**Pause** 포즈의 변화

# 포즈를 사용할 때의 눈맞춤 공식

포즈를 한다는 것은 청중의 반응을 살피는 시간을 갖는다는 의미다. 그 시간 동안 눈을 청중으로부터 떼버린다면 의도와 맞지 않다. 눈을 피하지 말고 스캐너처럼 상황을 주시하고 있어야 한다. 상황별로 어떤 대처가 바람직한지 알아본다.

### 질문을 던지고 기다릴 때

답을 요하는 질문을 던진 다음 답을 기다리며 포즈를 하고 있다면, 답을 하려고 반응을 보이는 사람을 찾기 위해서라도 청중으로부터 눈을 떼면 안 된다.

### 수사법적인 질문을 하고 기다릴 때

수사법적인 질문이란 답을 기대하지 않는 질문을 말한다. 이 경우에도 듣는 사람들의 반응을 살피고, 듣는 사람들과 상호작용을 하기 위해서 집단별 눈맞춤을 계속해야 한다.

### 참고자료를 확인하는 경우

참고할 자료를 확인하거나 잊어버린 내용을 확인하기 위해서 의도적으로 포즈를 할 경우에는 눈을 맞추기보다 자료를 찾아 확인하는 시간을 가져야 한다. 단 짧게 2~3초 정도 확인하는 경우라면 펼쳐놓은 자료를 눈으로 훑고 지나가는 방식으로 확인하는 것이 좋다.

이런 경우 자연스럽게 "ㅇㅇ자료를 확인해보겠습니다" 또는 "ㅇㅇ 이름을 깜빡했습니다, 확인해보겠습니다"처럼 공백시간을 메우는 것이 바람직하다. 상황을 있는 그대로 알리는 방법은 오히려 신뢰감을 더해준다. 상황에 끌려가는 느낌이 아니라 상황을 통제하며 끌어가는 느낌을 주기 때문이다.

복잡한 데이터나 자료를 기억하기보다는 직접 눈으로 확인해주는 방법은 나쁘지 않다. 기계적인 기억력을 못 가졌다는 사실이 결코 부끄러운 일이 아님을 명심하자.

포즈는 아마추어와 차별되는 프로만의 도구다. 적절히 사용하기 바란다. 적절하다는 것은 3가지 조건을 갖출 때다.

첫째, 목적을 가지고 써야 한다. 강조 목적이 가장 많다.
둘째, 적절한 길이로 써야 한다. 목적에 따라 길이가 달라진다.
셋째, 포즈를 하는 동안 눈맞춤을 유지해야 한다.

# Step 15
## 포즈 활용하기

1. 나는 어떤 목적으로 포즈를 쓰는지 해당 박스에 체크해보자. 체크가 많을수록 포즈를 다양하게 활용한다는 증거다.
   - ☐ 방금 말한 내용을 강조하기 위해서
   - ☐ 질문 뒤 청중이 생각할 시간을 주기 위해서
   - ☐ 중요한 말을 하기 전에 뜸을 들이기 위해서
   - ☐ 청중이 내용을 소화할 시간을 주기 위해서
   - ☐ 다음에 말할 내용을 확인하기 위해서

2. 나는 어느 정도나 포즈를 쓰는지 체크해보자.
   - ☐ 많이 쓰는 편이다.
   - ☐ 거의 쓰지 않는 편이다.

3. 긴 포즈와 짧은 포즈를 적절히 구사하는지 해당 박스에 체크해보자.
   - ☐ 그렇다.
   - ☐ 그렇지 않다.

# 16

## Emotion

Emotion

# 감정 신기

감정은 마음의 상태를 말한다. 우리의 감정은 말의 내용보다는 말하는 방법, 음색 등에 의해서 전달된다. 목소리는 의도적인 훈련을 통해서 어느 정도는 통제가 가능한 조음기관 성대, 구강, 비강 등에 의해서 만들어지므로 연습을 통해 개발이 가능하다. 그러한 관점에서 이 장을 살펴보자.

**Emotion** 감정 싣기

# 나도 매력 있는
# 목소리를 가질 수 있다

한 사람에 대한 호감과 비호감은 외모 다음으로 목소리에 의해 좌우된다. 사람들에게 호감을 주는 매력 있는 목소리는 어떤 소리일까? 어떻게 만들어질까? 좋은 목소리가 갖추어야 할 특성을 두 가지로 압축해본다.

### 깊이 depth

좋은 목소리란 깊이가 있어야 한다. 깊이가 있다는 것은 저음에서 중음, 고음까지가 모두 섞여 있는 소리를 말한다. 마치 좋은 소리를 내는 오디오는 고음 스피커트위터와 중음 스피커, 저음 스피커우퍼가 조화를 이룰 때 만들어지는 것과 같은 원리다. 3부합창이나 4부합창을 할 때 남녀혼성합창이 깊은 소리를 내는 것은 고음을 내는 소프라노와 테너, 저음을 내는 알토와 베이스가 공존하기 때문이다.

### 울림 resonation

조음기관이 만든 소리는 우리 몸의 공명강을 울리고 나서, 공기를 울려 청자의 고막을 울린다. 울림이란, 이 과정에서 음파의 파형이 깊어서<sup>강해서</sup> 공기를 강하게 울리는 것을 말한다. 이런 소리가 사람들에게 듣기 좋은 소리가 되는 것은 당연하다.

## 깊이와 울림을 더하는 3가지 방법

좋은 목소리의 표본이라 할 깊이와 울림을 목소리에 더하는 방법은 무엇일까? 3가지가 있다.

무엇보다 먼저 울림통을 잘 관리해야 한다. 우리 몸은 악기로 치면 큰 울림통이다. 울림통이 튼튼해야 공명이 생겨나듯 건강한 신체를 가져야 울림이 있는 목소리가 나온다. 건강한 몸에서 좋은 목소리가 나온다. 건강 관리는 목소리 관리의 기본이다.

두 번째로 목을 잘 관리해야 한다. 담배와 술, 노래방에서 고함 지르는 것 등은 목소리를 버리는 지름길이다. 반면 큰 소리로 책을 읽거나 호흡이 긴 가곡 등을 부르는 것은 목소리를 단련하는 좋은 방법이다. 악기가 그렇듯 목소리도 쓰지 않으면 녹슬게 되어 있다.

세 번째로 좋은 습관을 만들어야 한다. 바른 자세로 가슴을 열고 턱을 당겨 말하는 습관, 성대의 힘이 아닌 배의 힘으로 말하는 습관, 지나친 콧소리를 내지 않는 습관 등을 평소에 들여야 한다.

**Emotion** 감정 싣기

# 없으면 아쉽고, 넘치면 탈나는 비음 개선법

노래를 시켜보지 않고도 노래 잘할 사람을 알아보는, 상당히 정확한 방법이 있다. 목소리에 섞인 비음의 정도를 분석해보는 것이 바로 그것이다. 비음이 어느 정도 섞여 있다는 것은 비강을 울리는 소리가 나고, 이런 비음이 구강을 울린 소리와 섞여 좋은 소리를 만든다는 것을 뜻한다. 이처럼 비음은 중요한 역할을 한다. 그러나 비음이 너무 많이 들어간다면 어떻게 될까?

특히 프레젠테이션을 할 때 비음이 지나치게 많으면 듣기 거북한 목소리가 된다. 비음은 비강과 구강의 구조, 목젖의 움직임에 따라 달라지고, 훈련으로 어느 정도는 통제할 수 있다. 여성들의 지나친 비음은 대부분 잘못된 언어습관 때문인 경우가 많다. 어리광을 부리던 어투가 성인이 되어서도 고쳐지지 않고 그대로 굳어진 경우다. 이런 경우 다음과 같은 훈련을 해보자.

### 지나친 비음을 통제하는 방법

먼저 코를 막고 발표할 내용을 읽어본다. 그러면 받침음 ㄴ, ㅁ, ㅇ에서 코 막힌 소리가 나온다. 이번에는 코는 막지 않되 목젖을 닫아서 코로 공기가 전혀 나오지 않게 하며 말을 해보자. 비음이 많이 사라졌음을 알 수 있다. 비음은 비강을 통과해서 코로 나가는 공기의 흐름을 줄여주거나 목젖을 닫아 코로 가는 공기를 완전히 차단할 때 통제된다.

## 좋은 목소리는 잘생긴 외모를 이긴다

외모가 잘생긴 사람과 목소리가 좋은 사람 중에서 누가 프레젠테이션에서 유리할까?

답하기가 쉽지 않은 질문이다. 그러나 과학자들은 사람의 호감도를 결정하는 데 외모는 강하지만 단기적인 효과를 미치는 반면, 목소리는 지속적인 효과를 미친다고 결론 내렸다.

프레젠테이션에서도 좋은 인상을 가진 사람이 유리하고, 첫인상보다는 끝인상이 좋은 사람이 유리하다. 이 원리를 최근 효과 recency effect라 한다. 그래서 목소리가 외모를 이기게 되어 있다. 자신의 목소리에 만족하지 못했다면 혹은 자신의 목소리를 더욱 매력적으로 다듬고 싶다면 이것만은 기억하고 실천해보자.

첫째, 높낮이 변화를 통해서 강조점이 드러나게 한다. 자신에게 맞는 페이스와 장단을 살리면 금상첨화다.

둘째, 포즈를 충분히 이용해야 한다.

셋째, 목소리에 적절히 감정을 싣는 훈련을 해야 한다.

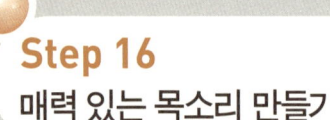

# Step 16
## 매력 있는 목소리 만들기

1. 나의 목소리에 해당하는 것을 체크해보자.
   - ☐ a. 고음과 저음이 섞인 깊이 있는 소리다.
   - ☐ b. 성량이 풍부해서 울림이 있다.
   - ☐ c. 목소리에 윤기가 있다.
   - ☐ d. 지나치게 허스키하다.
   - ☐ e. 지나친 비음이 난다.
   - ☐ f. 너무 건조한 기계적인 소리다.
   - ☐ g. 유아적인 어투가 남아 있다.

2. 좋은 목소리 만들기 훈련

위의 질문에서 만일 a, b, c에 체크했다면 평소 주변에서 좋은 목소리라는 이야기를 들을 것이다. 하지만 d, e, f, g에 체크했다면 개선이 필요하다. 특히 g의 경우 이런 현상은 요즘 젊은 여성들에게 자주 발견된다.

매력 있는 목소리를 갖고 싶다면 이 책에서 제시한 훈련을 꾸준히 해야 한다. 목소리는 오랜 습관의 결과이거나 체질적인 특성이 반영되어 있어서 쉽게 고쳐지지 않으므로 전문가의 도움이 필요할 수도 있다.

# Case study
## 김명민의 목소리 변화와 연기력 분석

연기와 프레젠테이션 사이에는 많은 차이점이 존재하지만, 목소리가 결정적인 역할을 한다는 점에서는 공통점을 지닌다. 목소리 연기력으로 돋보이는 사람은 단연 김명민이다. 기억에 남는 세 편의 드라마 〈불멸의 이순신〉에서 이순신, 〈하얀 거탑〉의 장준혁, 〈베토벤 바이러스〉의 강마에 역을 통해서 그가 보여준 목소리 연기를 분석해보고 프레젠테이션에 응용해보자.

### 김명민의 목소리는 깊이가 있다
음에 깊이가 있다는 것은 한 사람의 목소리에 고음과 중음, 저음이 적절히 섞여 있다는 뜻이다. 이 중에서도 저음에서 매우 울림이 좋다. 듣기에 좋은 소리를 낸다.

### 김명민의 목소리는 듣기가 편하다
이것은 목소리 연기에 표정이 동조되기 때문이다. 목소리의 음색과 내용에 맞는 표정연기를 할 줄 알면 목소리 연기력이 배가된다.

### 김명민의 목소리에는 적절한 비음이 들어가 있다
비음이 없으면 건조한 음이 되고, 비음이 너무 많으면 신뢰가 안 가는 목소리가 나지만 적절한 비음은 사람들의 좋은 감성을 자극한다. 특히 여성들에게 어필할 수 있는 목소리다.

### 김명민의 목소리는 높낮이 변화가 풍부하다

보통 사람들의 목소리 변화는 7음계에서 '레, 미, 파' 세 음계 범위에 한정된다. 그러나 김명민의 경우에는 '레, 미, 파, 솔, 라' 5 음계를 넘나든다. 음을 높여도 톤이 변질되지 않는다. 이순신 장군의 역할을 맡아 병사들을 세워놓고 하는 연설들은 압권이었다.

이상의 내용을 보면 목소리는 타고나는 것이라고 생각할 수 있다. 타고난 목소리는 매우 중요하다. 그러나 타고난 목소리가 아주 나쁘지만 않다면 훈련으로 좋아질 수도 있다. 특히 조음기관성대, 입 안의 문제가 아니라 자세나 발음법의 문제일 때는 극적으로 좋아질 수 있다.

### 한국인을 위한 좋은 목소리 만들기 비법 3가지

한국인이 좋은 목소리를 만들수 있는 3가지 훈련을 제안한다. 중요도 순으로 나열한다.

### 첫째, 변화 있는 목소리 만들기

단조로운 목소리를 변화 있게 만들려면 높낮이 변화를 충분히 주면서 쉬운 책을 읽는 것이 좋다. 녹음을 해서 변화가 충분한지 스스로 확인해 본다. 15분 이상, 하루 2회 정도하면 효과가 좋다.

### 둘째, 울림 있는 목소리 만들기

울림 있는 목소리는 바른 자세에서 나온다. 허리를 펴고 가슴을 열고 턱을 당긴 자세에서 단전에 힘을 주고 목소리를 내면 울림이 생긴다.

### 셋째, 신뢰가 가는 목소리 만들기

나이에 어울리지 않는 어투나 발음이 분명치 않은 말, 끝말을 흐리는 습관, 콧소리가 너무 많이 나는 목소리는 꾸준히 훈련을 하면 고쳐진다. 고치는 방법은 본문에서 이미 다루었다. 어눌한 말로 신뢰도나 설득력을 높일 방법은 없다. 발음이 정확해질 때까지 녹음을 해서 들어가며 훈련한다.

맺는말_

권위주의 사회에서는 신분과 소속이 한 인간을 말해주었다. 1980년대 초반까지만 해도 그랬다. 그러나 시대는 바뀌어 이제 탈권위주의 시대가 되었다. 출신과 학벌 등이 아니라 역량과 능력이 한 사람을 대변해주는 그런 시대가 된 것이다.

인간의 능력에는 관찰 가능한 것이 있고 그렇지 않은 것이 있다. 예를 들면 프레젠테이션 능력은 쉽게 다른 사람의 눈에 띄는 능력에 속한다. 이러한 관찰 가능성 때문에 프레젠테이션을 잘하는 사람은 어디서든 주목을 받는다. 남들보다 많은 기회를 얻게 되고, 더 많은 것을 성취하게 된다. 인재들이 지닌 역량의 90%[1]는 새로운 기회에 노출되고 업무적으로 경험하며 개발되는 것이기 때문이다. 면접에서 프레젠테이션 능력을 평가하는 이유도 같은 것이다.

이런 이유 때문에 프레젠테이션 능력은 핵심인재들이나 핵심인재가 되려는 야망을 가진 사람들이 가지고 다녀야 할 공구상자의 맨 위를 차지해야 한다.

프레젠테이션 스킬을 개발하기 위한 워크숍을 진행해보면 다음과 같은 경향을 관찰할 수 있다. 대략 열 명 정도가 참여하면 그 중에 프레젠테이션을 잘하는 사람이 한 명 정도 나온다. 그들

presentation
model
for Koreans

이 업무적으로 평소에도 프레젠테이션을 많이 해왔던 사람이든 아니면 그러한 경험이 거의 없는 사람이든 별 차이가 없다. 이러한 사실이 우리에게 말해주는 것은 뭘까?

다른 능력은 충분히 개발되었기 때문에 취업했지만, 프레젠테이션 능력만큼은 개발되지 않은 상태에서 직장에 들어갔다는 것을 뜻한다. 따라서 프레젠테이션을 잘하는 사람은 희소가치가 있는 능력을 가진 귀한 인재로 대접받는다. 최소한 상위 10%나 15%에 속하는 귀한 인재가 된다.

'언제든 시간이 나면 그때 배우지 뭐!' 하고 생각하는 사람들도 있을 것이다. 그러나 2박 3일 프레젠테이션 스킬 워크숍을 진행해보면 경험이 많은 사람일수록 오랫동안 습관화된 나쁜 뿌리가 쉽게 뽑혀지지 않는다는 사실을 발견하게 된다.❷ 따라서 초기에 제대로 방향을 잡아야 한다. 그래야 잘못된 밑그림을 지우고 새로 그리는 수고를 면할 수 있다.

프레젠테이션에도 많은 모델이 있다. 그러나 프레젠테이션 하는 사람이 한국인이고 듣는 사람도 한국인이라면 당연히 한국형으로 틀을 잡아주어야 한다. 그래야 통한다.

이 책을 쓰면서 특히 주안점을 둔 것이 있다. 가능하면 모든 이론의 출처를 밝히는 것이 그것이다. 다른 학문 분야에서와 마찬가지로 프레젠테이션에서도 우리가 알고 있는 내용 대부분은 누군가가 이미 주장했던 것이다. 그것을 찾아 밝히는 것이 글을 쓰는 사람의 양심이자 먼저 연구를 한 사람들에 대한 예의다. 그럼에도 불구하고 그렇지 않은 책들이 너무 많았다. 그래서 내용이 좋은 책인데도 교재로 택할 수 없었다.

내가 아주대학에서 '기획과 소통' 또는 다른 대학에서 '비즈니스 프레젠테이션'이란 과목을 가르치면서 교재를 선정할 때 느꼈던 어려움은 이런 것이었다. 그래서 이 책에서는 가능하면 모든 출처를 밝히고 주석을 넣는 것을 원칙으로 했다. 그러나 행여 빠진 것이 있다면 독자의 지적을 바란다. 비록 이 책의 주 독자는 비즈니스맨들로 잡았지만 학부나 대학원과정의 교재로도 손색이 없도록 하려고 노력했다.

프레젠테이션을 준비하는 방법에는 두 가지가 있다. 어느 것이 더 효과적인지 따져보자.

첫째 방법은 과거에 썼던 비슷한 슬라이드를 먼저 복사하는 것으로 시작한다. 다음은 슬라이드 마스터를 수정하고, 제목과 내용 일부를 바꾸어 준비를 끝내는 방법이다. 이 방법이 가장 많이

# presentation model for Koreans

쓰인다. 고로 가장 좋은 방법 같지만, 그렇지는 않다. 차별화될 수 없는 방법이다. 치알디니 교수는 기념비적인 논문 『Influence[3]』에서 '다수가 선택한 길이 설득력이 있다'고 했지만 여기서는 전혀 그렇지 않다. 이 접근법이 안고 있는 근본 문제는 아무리 열심히 연습하더라도 실패를 연습하는 것이라는 점이다.

  두 번째 방법은 먼저 듣는 사람이 원하는 것은 무엇인지를 분석해보는 것으로 출발한다. 그 다음 나의 경쟁자 또는 나와 비교 대상이 되는 사람은 무슨 말을 할 것인가를 분석하고, '여기서 나는 어떻게 다른 메시지를 전할 것인가'를 정하는 것이다. 그리고 메시지에 맞는 자료를 조사하고, 슬라이드를 만들어 연습만 하면 완성된다. 자신의 주장을 뒷받침할 자료를 조사하고, 연습을 하면 할수록 성공에 가까워진다는 점이 이 방법의 매력이다.

  아직도 세상에는 남들이 모두 가는 편한 길을 따라 가기를 원하는 사람이 대부분이다. 그렇게 소극적으로 최소한의 투자만 하면서, 남들과 차별화된 결과를 기대할 수 있겠는가? 잊지 말기 바란다. 세상에 공짜는 없다. 하나도 없다.

## 주

### 서장 왜 한국형 프레젠테이션인가

❶ Edward T. Hal, *Beyond Culture*, Anchor Books, 1976.
언어에서 어느 정도의 행간의 의미가 존재하느냐 하는 것은 문화적으로 많은 차이를 만들어 낸다. 행간에 담긴 의미가 많을수록 '고맥락의 문화' 또는 '고품의 문화high-context culture'에 해당하며, 사용하는 언어가 직접적이기보다는 간접적이고 비유적이거나 상징적인 표현이 많다. 반면 저맥락의 문화low-context culture; 행간의 의미가 적은에서 사용하는 언어는 훨씬 직접적이고 묘사적이다. 한국은 일본, 중국과 함께 고맥락의 문화권에 속하는 반면, 독일과 미국 등은 저맥락의 문화권에 속한다.

❷ Louis H. Sullivan, *The tall office building artistically considered*, 1896. 3.
설리반은 이 논문에서 20세기 건축물이 지켜야 할 원칙을 제시하였다. '형식이 기능을 따라야지form follows function, 형식이 기능을 지배할 수는 없다'는 주장은 오늘날까지도 많은 건축가들이 따르려 노력하는 대원칙이다. 한마디로 디자인적으로는 아름답지만 불편한 건물이 되면 안 된다는 것이다. 이러한 원칙은 프레젠테이션에도 그대로 적용된다. 보기만 좋고 전달력이 떨어진다면 문제가 된다.

❸ 『MBTI 개발과 활용』, 한국심리검사연구소, 1995. 1.
이 자료에 의하면 서구인의 내향성 비율은 단지 26%에 불과한 반면, 한국인의 내향성 비율은 68%에 달한다. 이러한 내향적 특성은 프레젠테이션에서 표현적 측면인 전달능력이나 목소리변화보다는 분석적 측면인 내용을 기획하고 구성하는 데서 더 경쟁력을 가질 수 있다는 것을 보여준다.

❹ 기획이란 서양에서는 쓰이지 않는 용어지만, 한국과 일본에서는 과다하게 사용되고 있는 용어다. 서양의 기획에 해당하는 말에는 planning and organizing이 있다. 단지 계획을 세우는 것이 아니라 계획이 실행되도록 자원을 지

원하는 것까지 포함한다는 뜻이다. 우리가 쓰는 용어와는 다르다. 한국에서는 기획이 '새로운 문서작성', '계획 작성'이란 의미로 쓰이고 있고, 계획과 기획이 혼용되고 있다. 여기에 쓰인 기획은 한국적 의미의 기획이다.

❺ 한국 영화와 미국 영화의 차이는 제작기술에 있지 않고 콘텐츠의 차이에 있다고 영화평론가들은 말한다. 한국 만화와 일본 만화의 차이도 그림 그리는 솜씨가 아니라 콘텐츠의 차이라고 이 분야 전문가들은 말한다. 이러한 이유 때문에 콘텐츠의 개발은 그것이 문화콘텐츠든 지식콘텐츠든 정부에서 적극적으로 지원하는 중점 과제 중 하나가 되어 있다. 같은 맥락에서 한국형 프레젠테이션을 보아야 한다는 뜻에서 콘텐츠란 말을 썼다.

❻ 시뮬레이션방식을 통해 역량을 평가하는 전문기관인 미국 DDI<sub>Development Dimensions International</sub>에서는 Assessment Center Method를 개발하고 여러 종류의 어세스먼트 매뉴얼을 개발하였는데, 이 매뉴얼에 의하면 임팩트<sub>impact</sub>란 '다른 사람을 면대면<sub>face-to-face</sub>으로 만났을 때 주는 좋은 인상'을 말하므로 우리말의 '첫인상'과 유사하다. 그러나 이 책에서는 '첫인상' 뿐 아니라 헤어진 뒤에 남는 강한 인상까지도 포함하는, 넓은 의미의 '영향력'과 같은 의미로 쓰였다.

## 1장 사람의 마음을 움직이는 콘텐츠 기획

❶ 수많은 마케팅 용어 중에서 '차별화'만큼 대중적으로 쓰이게 된 말은 없다. 차별화를 제대로 실현하기 위해서 함께 알아야 할 개념이 있다면 그것은 포지셔닝<sub>positioning</sub>이다. 두 가지를 대비해서 정리하면 이렇다. 포지셔닝은 고객의 의식 속에서 '나의 제품이나 서비스, 또는 브랜드가 경쟁자와 대비해서 어떤 위치를 점하고 있는가'의 문제다. 반면 차별화는 계획한 위치를 차지하기 위해서 '무엇을 경쟁자와 달리해야 할 것인가'의 문제다.
프레젠테이션을 할 때 사람들은 자신의 프레젠테이션이 경쟁자에 비해서 설득력 있게 들리기를 원한다. 그것이 자신의 포지셔닝 전략이라면, 경쟁자에 비해서 무엇을 어떻게 달리해야 강한 설득력을 지니게 될까 하는 것은 차별

화 전략이다. 이 책에서는 차별화를 좀더 발전적으로 개념화하였는데, 아래의 그림에서 블루오션을 지향하는 것이 진정한 차별화 전략이다.

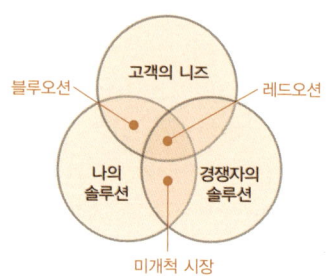

❷ Albert Mehrabian, *Silent Messages: Implicit Communication of Emotions and Attitudes, 2nd ed.*, Wadsworth Publishing Co., 1981, p. 77.
이 연구는 제목에서 보듯, 정서적인 커뮤니케이션에서 화자의 감정이나 태도가 어떤 수단미디어에 의해서 전달되는가를 밝힌 것으로 의의가 있다. 우리가 주목해야 할 점은 이 연구가 정서적인 커뮤니케이션을 전제로 하고 있다는 점이다. 따라서 정서가 아닌 정보전달이 주목적인 비즈니스 프레젠테이션을 설명하기 위해서 이 연구를 인용하는 것은 적절하지 않다.

❸ Ray L. Birdwhistell, *Kinesics and Context: Essays on Body Motion Communication*, University of Pennsylvania Press, 1970, p. 158.
언어적인 커뮤니케이션에서 30~35%의 감정이나 호감은 말의 내용으로 전달된다는 주장도 정서적인 커뮤니케이션을 전제로 하고 있다는 점을 주목해야 한다. 정보전달이 목적인 경우에는 내용의 중요성이 훨씬 커진다.

❹ 블루오션blue ocean은 인시아드경영대학원의 김위찬 교수와 르네 모보르뉴Renee Mauborgne 교수가 가치혁신이론과 함께 제창해온 기업경영 전략론이다. 제한된 시장을 두고 서로 많은 점유율을 차지하기 위해서 싸우는 기존 시장을 레드오션red ocean이라 칭하고, 이에 상반된 개념으로 경쟁자가 존재하지 않는 새로운 시장을 블루오션이라 칭하며 블루오션 개척을 제안하고 있다. 블루오션은 결국 차별화를 통해서만 창출할 수 있기 때문에 기존의 차별화 전략을 새롭게 재조명한 것에 지나지 않는다고 나는 생각한다. 이 이론은

2005년 2월 하버드경영대학원출판부HBS Press에서 같은 제목의 단행본 『Blue Ocean』으로도 출판되었고, 국내에서도 같은 제목으로 번역 출간되었다.

❺ 잭 트라우트, 스티브 리브킨 저, 이정은 역, 『튀지 말고 차별화하라』, 더난 출판사, 2000, p. 66~80.

마케팅의 구루라고 하는 이들은 품질과 서비스의 차별화, 창의적 광고, 저가 전략, 규모의 대형화를 잘못된 4가지 차별화 전략으로 꼽는다. "가격으로 살려고 하면 결국 가격으로 망한다"는 것이 이들의 주장이다. 레드오션을 지적한 것이다.

차별화된 가격 전략이란 사실 아무 전략도 아니다. 그 이유를 따져보면, 가격 낮추기 전략은 자신이 정당하게 받아야 할 이익을 희생하는 전략이기 때문이다. 조금 더 지속된다면 영업이익은커녕 자기 노임마저 포기하게 된다.

레드오션에서 싸우다 보면 피 튀기는 경쟁을 하게 되는데 아무리 경쟁이 심해져도 가격경쟁만큼은 말아야 한다. 나도 경쟁자도 공멸하는 전략이기 때문이다. 가격경쟁은 다른 대안이 없을 때 일시적으로 하는 마지막 처방이어야 한다. 그렇다면 어떻게 해야 가격경쟁을 피할 수 있을까.

가격경쟁을 피하려면 가격경쟁이 불필요하게 만들어야 한다. 본질적인 차별화가 필요하다는 것이다. 마치 음식 맛에 자신이 있는 식당은 음식 값을 내리지 않는 것과 같다. 브랜드 가치에 자신이 있는 브랜드는 절대 세일을 하지 않는 것도 같은 이치다.

윤석철 교수가 주장한 생존부등식으로도 이 전략을 설명할 수 있다. 생존부등식이란 가격보다는 원가를 낮출 수 있어야 하고, 고객이 느끼는 가치는 가격보다 높아야 제품이 생존할 수 있는 조건이라는 것이다.

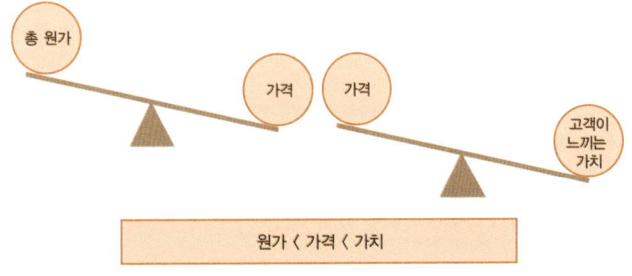

❻ 닥 췰드리, 하워드 마틴 저, 하영목 역, 『CEO와 직장인을 위한 스트레스 솔루션』, 들녘미디어, 2004.
DHEA는 모든 좋은 호르몬의 원료라고 할 수 있는 호르몬이다. 이 호르몬은 성호르몬을 만들고, 정신적으로는 창조적인 사고와 집중력, 기억력을 높여주며, 신체적으로는 노화를 방지하고 병에 대한 저항력과 회복력을 증가시키는 중요한 역할을 한다. DHEA가 많이 분비되면 스트레스 호르몬인 코티솔cortisol은 줄어드는 경향이 있다.
우리 인체는 일반적으로 알려진 것보다 훨씬 정교하고 복잡하게 설계되어 있다. 예를 들면 두뇌의 뉴런과 뉴런 사이만 연결되어야 하는 것이 아니라, 두뇌와 심장 사이도 전자기적으로 연동되어 협응할 때 최고의 성과를 낸다는 것이 여러 연구에서 밝혀졌다. 이것을 'Heart-Brain Connection'이라 한다.

❼ 인간의 오감이 처리하는 정보는 디지털이 아니라 아날로그이므로 디지털로 환산하기 어렵지만, 우리 시각은 비디오신호를 기준으로 환산했을 때 초당 2500만 비트의 정보를, 청각은 데이터 스트리밍을 기준으로 환산했을 때 초당 350만 비트를 처리할 수 있다. 그러나 필요하지 않은 정보는 필터링해서 제외하기 때문에 우리는 정보 과부하에 걸리지 않는다. 이 밖에 후각과 촉각의 정보는 계산하는 것이 불가능하므로 인간이 입수하는 정보는 최소한 초당 2500만 비트라는 얘기가 된다.
참고: boards.straightdope.com/sdmb/archive/.../t-80297.html;vBulletin® v3.7.3, Copyright © 2000-2010, Jelsoft Enterprises Ltd.

❽ 3의 법칙은 여러 상황에서 다른 의미로 쓰여진다. 광고커뮤니케이션에서는 사람이 한꺼번에 3가지의 메시지를 기억하는 것은 한계이므로, 핵심단어를 3개로 한정하며 1회의 광고에서 핵심정보는 3차례 반복되어야 기억된다는 의미로 쓰인다.
사회심리학적으로는 다른 의미를 지닌다. 미국의 저널리스트인 마크 S. 월튼은 그의 책 『Generating Buy-In: Mastering the Language of Leadership』에서 어떤 목표를 달성하기 위해서 세 사람이 행동을 같이 하면 전체의 참여를 끌어낼 수 있다고 했다. 미국의 심리학자인 스텐리 밀그램은 이 주장을 실험을 통해서 입증했는데, 뉴욕의 번화가에서 한 사람이 하늘을 쳐다보았을 때 아무

도 반응을 보이지 않았다. 두 사람이 쳐다보았을 때도 아무런 반응을 보이지 않았다. 그러나 세 사람이 하늘을 쳐다보자 사람들은 길을 멈추고 따라하기 시작했다.

❾ Malcolm Warner, *The IEBM Handbook of Economics*, Thomson Learning, 2002, p. 332.
규모의 경제는 대량생산을 가능하게 했던 경제원리다. 경제적인 생산규모는 최소규모의 형태로 존재하는데, 빠르게 변하고 있다. 예를 들면, HDD Hard Disk Drive의 경우에는 1989년 기준 연간 90만 개가 경제성을 유지하는 최저 규모였다. 대량생산을 하게 되면 설비비용이 분산되어 고정비 부담이 줄어들고, 원재료를 싸게 구입할 수 있는 이점이 있다. 유통 단계에서도 시장을 장악하는 협상력이 강해져서 가격적인 경쟁력을 확보하게 된다. 그러나 오늘날의 다품종 소량생산 체제에서는 이러한 이점이 점점 사라져 간다.

❿ De Bono Edward, *Six Thinking Hats*, Little Brown & Company, 1985, p. 24.
수평적 사고 필자 주 - 창의적 사고의 다른 이름이라 할 수도 있음의 창시자인 드 보노 박사는 인간의 인지시스템을 능동적 시스템으로 규정한다. 능동적인 시스템이란 수동적인 시스템과 대칭되는 개념이며, 컴퓨터와 같은 수동적인 시스템은 별도의 명령을 주지 않으면 정보를 단지 보관만하는 반면, 인간의 두뇌는 새로운 정보가 들어올 때마다 자동적으로 정보를 분석하여 패턴화하고 재구성한다.
이러한 관점에서 보면 과거에 이미 패턴화해 놓은 파워포인트 파일을 과거와는 다른 현재 상황에 가져와서 적용하는 것은 창의성의 싹을 죽이는 것이나 같다.

⓫ De Bono Edward, *Six Thinking Hats*, Little Brown & Company, 1985, p. 31.
드 보노 박사가 창안한 6가지 색깔의 모자는 집단적 사고에 빠지는 것을 방지하고, 창의적이면서도 합리성이 결여되지 않은 사고를 하는 데 유용하다. 6가지 색깔의 모자로 역할을 나누어 집단적인 의사결정을 하는 룰은 다음과 같다.

〈색깔별 역할〉
흰색 모자 — 중립적이고 객관적인 역할
붉은 모자 — 성급하고 감정적인 역할
검은 모자 — 부정적이고 회피적인 역할
노랑 모자 — 낙관적이고 긍정적인 역할
녹색 모자 — 창조적이고 참신한 아이디어맨 역할
청색 모자 — 진행자, 촉진자, 조정자 역할

〈집단의 의견을 모으는 방법〉
브레인스토밍에서 각자가 역할을 나누거나 전체가 순차적으로 역할을 담당하더라도, 창의적인 역할에서부터 순차적으로 발언이 되어야 한다.

⑫ Cooke R.A., Lafferty J.C., *Organizational Culture Inventory Manual*, HumanSynergistics, 2004.
조직에는 12가지 유형의 문화가 존재하는데, 이 중 완벽주의perfectionistic문화는 이중성을 가진 문화다. 실수를 하지 않는 것은 좋은 점으로 보이지만, 구성원들이 실패에 대한 두려움 때문에 새로운 시도를 하지 않으며 칭찬에는 인색하고 질책에는 충실한 분위기가 만들어지기 쉽다는 점이 약점이다.

⑬ Peter M. Senge, *Fifth Discipline*, Currency Doubleday, 1990. p. 71~72, p. 130.
피터센게는 '원인과 결과가 명확하게 대응되지 않는' 복잡한 상황을 가리켜 '동적 복잡성dynamic complexity'이라고 부른다. 이러한 상황은 사람들이 숲을 보지 못하게 만들고, 작은 부분들나무에 집착하게 만든다고 한다.

⑭ 김정남, 『닌텐도처럼 창조한다는 것』, 북섬, 2010, p. 16.

⑮ 마태복음 27장 35절: "그들이 예수를 십자가에 못 박은 후에 그 옷을 제비 뽑아 나누고.", 마태복음 27장 66절 : "그들이 경비병과 함께 가서 돌을 인봉하고 무덤을 굳게 지키니라.", 마태복음 28장 6절: "그가 여기 계시지 않고 그가 말씀 하시던 대로 살아나셨느니라. 와서 그가 누우셨던 곳을 보라."

⑯ 2005년 6월 12일 스티브 잡스의 스탠포드대학 졸업식 연설문.

## 2장 설득력 있는 메시지 전개 구조

❶ Toulmin S., *The Uses of Argument*, Cambridge University Press, 1979.

❷ Sawyer, A. G., *Can there be effective advertising without explicit conclusions?, Decide for yourself*, In S. Hecker & D. W. Stewart(Eds), *Nonverbal communication in advertising*, D. C. Health., 1988, p. 159~184.

❸ 퀄리파이어qualifier는 우리말로는 적절한 번역어가 없지만, '자기제한적인 말' 정도로 번역이 가능하다. 자신의 주장을 약화시키는 이런 말은 가급적이면 쓰지 말아야 옳다.

❹ Sam Keen, Don Juan's *Power Trip*, Psychology Today 11. Dec. 1977, p. 42.

## 3장 고객을 몰입시키는 전달 기술

❶ 임태섭, 『스피치 커뮤니케이션』(개정판), 커뮤니케이션북스, 2008, p 323. 이 책에서 저자는 "스피치를 하는 기본자세는 두 발을 어깨너비로 벌리고~"라고 적고 있다. 스피치도 프레젠테이션의 한 종류에 속하기 때문에 많은 사람들에게 오해를 불러올 수 있는 표현이다. 강연대 뒤에 서는 경우라 하더라도 발의 너비는 보이지 않지만 다리를 벌리고 서면 긴장이 해소된 후의 자세에서 체중을 좌우로 이동시켜 스웨이sway 하기 쉽다.

❷ HBSP, Harvard Business Essentials: *Business Communication*, Harvard Business School Publishing Corporation, 2003, p. 87.

❸ Shirley Taylor, *Communication for Business, A practical Approach*, 4th ed.,

Pearson/Longman, 2005, p. 319.
글을 읽는 것은 시각적인 행위에 해당되지 않는다는 주장도 있다. 왜냐하면 글을 읽을 때 대부분의 사람들은 속으로 소리를 내어 읽기 때문에, 이것은 청각형의 변형에 불과하다는 것이다. 이 새로운 주장도 설득력을 얻고 있다.
참고: John Medina, *Brain Rules*, Pear Press. 2009.

❹ Rosenthal Robert, Self-fulfilling Prophesy, in Readings in *Psychology Today*, California: CRM Books, p. 466~471.
로버트 로젠탈교수는 여기서 '인간은 자기 자신이 스스로 예언한대로 행동하는 경향이 있다'고 지적하였다. 이것을 '자기충족적 예언'이라 한다. 이 이론에 따르면 자신이 잘할 것이라고 믿는 프레젠터는 자신감을 가지게 되고 청중의 호응을 받아 긴장이 바로 해소되는 반면, 자신감을 잃은 경우는 긴장이 해소되지 않아 청중의 호응을 끌어내지 못하고 점점 긴장이 고조되는 경향이 있다고 해석할 수 있다.

## 4장 한국형 프레젠테이션의 완성, 목소리

❶ 표준 빠르기는 영어의 경우 분당 120단어, 한글은 90단어 정도다.

❷ Miller, N., Maruyama, G., Beaber, R. J., & Valone, K, Speed of Speech Persuasion, *Journal of Personality and Social Psychology*, 1976, p. 34, p. 614~615.
Street, R. L. Jr., Brady, R. M., Speech rate acceptance ranges as a function of evaluative domain, listener speech rate and communication context, *Communication Monographs*, 1982, p 49, p 290~308.
LaBarbera, P., & Maclachlan, J., Time compressed speech in radio advertising, *Journal of Marketing*, 1979, p. 30~36, p. 43.

## 맺는말

❶ 인사컨설팅회사이고 역량에 대한 초기연구를 주도한 그룹인 Hay그룹의 연구에 의하면 역량을 개발하는데 있어서 업무적인 경험이 차지하는 비중이 90%라고 한다. 단지 10%만이 비업무적으로, 비경험적으로 개발된다고 한다. 이러한 관점에서 보면 밖으로 드러나서 쉽게 눈에 띄는 능력인 프레젠테이션 능력은 다른 새로운 기회를 가져다줄 미끼의 역할을 충분히 한다.

❷ 프레젠테이션 능력은 교육이나 훈련에 의해서 개발이 가능한 능력으로 분류된다. 그러나 잘못된 어투와 자세, 제스처 등이 습관화 되어 있다면 쉽게 고쳐지지 않는다. 이런 이유 때문에 처음부터 제대로 학습하여야 한다.

❸ Cialdini, Influence, *Harvard Business Review*, 2001. 10월호.
이 논문을 기초로 같은 제목의 책도 출판되었는데, 우리나라에선 『설득의 심리학』이란 제목으로 출간됨.

## 찾아보기

### ㄱ
강연대 150, 151, 209, 234, 275
공간 활용 135, 138, 156, 157, 159, 165, 166, 167, 209
과시형 청중 180
과유불급 202
과잉 모듈레이션 214
기호학 121
기본자세 143, 144, 146, 275
김명민 4, 5, 261, 262

### ㄴ
나쁜 자세 174
눈맞춤 135, 138, 139, 140, 165, 166, 167, 174, 176, 208, 209, 251, 252
닌텐도 44, 58, 59, 274

### ㄷ
단순미 39, 40, 43, 48, 72
두괄식 84, 85, 89, 91
디지털 프레젠테이션 204

### ㄹ
레가토 242, 243, 244, 245

### ㅁ
매커니즘의 함정 53
명시적인 결론 82, 83, 84
목소리 훈련법 137
무게감 있는 소리 223, 225
묵시적인 결론 83
문제해결형 논리 88

### ㅁ
미괄식 84, 87, 88, 89, 91

### ㅂ
바른 자세 136, 166, 257, 262
반전 58, 75, 112, 118, 119, 120, 126
보컬라이제이션 218
볼륨의 조절 220
불만형 청중 181
비언어적인 요소 134, 135, 206
비음 258, 259, 260, 261

### ㅅ
사고의 감옥 56
생각의 함정 53
서 있는 자세 159
수사법적 질문 170, 173
숫자 87, 108, 109, 147, 148
스킵 기능 194, 195
스타카토 242, 243, 244, 245
스토리텔링 5, 121, 177
스티브 잡스 4, 61, 74, 75, 275
습관의 함정 52
실습형 177, 178, 182

### ㅇ
아날로그 방식 204, 205
애니메이션 효과 200, 201, 203, 206, 207
애플 4, 60, 61, 62, 75
양괄식 89
언어의 객관성 108
얼굴맞춤 174, 175, 182

엘리베이터 피치 47
역질문 178, 179, 180, 182
연결어구 86, 96, 97, 98, 99, 100, 102, 103, 109
오바마 4, 174, 208, 109, 234, 250
오픈 제스처 144
완급의 조절 228
원고 152, 153, 154, 215
위험회피 71
이그제큐티브 서머리 47, 49

**ㅈ**
자세 135, 136, 141, 142, 159, 162, 163, 166, 167, 175, 220, 221, 262, 263, 277
절충식 21, 74, 83, 89, 91
제스처 135, 138, 140, 141, 143, 144, 145, 146, 149, 150, 154, 157, 165, 166, 167, 209, 214, 277
존 챔버스 156
좋은 목소리 224, 256, 257, 259, 260, 262
증거 30, 106, 110, 111, 114, 181, 253
집단의 창조성 55

**ㅊ**
창조 DNA 51, 58, 60, 63
창조성 서포터즈 61
창조적 통합 61
창조적 파트너십 62
창조적 포지셔닝 60

**ㅋ**
카리스마 제스처 140

**ㅍ**
프레젠테이션 리모콘 155, 192
프리킥 자세 141
필터링 43, 272

**ㅎ**
한국형 프레젠테이션 7, 16, 17, 210, 211
한국형 프레젠테이션 모델™ 19, 20, 21, 30, 97, 98, 99, 103, 109
호소력 있는 목소리 136
화좌문우 196
확장을 표현하는 제스처 146

**기타**
3의 법칙 43
Black screen 190
KPI 71
POSST™ 모델 127, 128
PREP 구조 85, 86, 89
White screen 192

# 프레젠테이션 교육과정
## (주)스타코칭

교육과정은 대상(기업 혹은 개인)에 따라 맞춤형으로 제공됩니다. 자세한 내용은 아래와 같습니다. 궁금한 점이 있다면 저자의 이메일로 문의바랍니다.
하영목 박사 starcoach10@yahoo.co.kr  최은석 코치 mylifecoach@naver.com

| 프로그램 | 목표 | 기간 | 인원 | 특징 |
|---|---|---|---|---|
| 프레젠테이션 마스터리<br>Presentation Mastery | 남과 차별화된 탁월한 발표자가 되도록 설득력과 리더십을 개발 | 8시간×2회 | 6명 | 상급과정 |
| 프레젠테이션 엑설런스<br>Presentation Excellence | 설득적 프레젠테이션이 가능하도록 기초 및 실전능력 개발 | 8시간×2회 | 10명 | 중급과정 |
| 이그제큐티브 프레젠테이션<br>Executive Presentation | 카리스마와 리더십을 개발하고 싶은 고급간부와 임원을 위한 특별훈련 | 8시간×2회 | 8명 | 간부, 임원 대상 |
| 세일즈&마케팅 프레젠테이션<br>Sales & Marketing Presentation | 고객을 유혹하고 설득하는 프레젠테이션의 비결 습득 | 8시간×2회 | 10명 | 세일즈&마케팅 담당을 위한 특별 프로그램 |
| 프레젠테이션 코칭<br>Presentation Coaching | 중요한 프레젠테이션을 앞두고 단기간에 프레젠테이션 내용과 스킬을 다듬거나, 프레젠테이션 스킬의 A부터 Z까지를 단기간에 개발 | 코칭 니즈에 맞추어 조정 | 1~4명 | 개별 맞춤 코칭 |
| 면접프레젠테이션 코칭<br>Coaching for Presentation Interview | 면접 프레젠테이션 또는 프레젠테이션 면접에 대한 완벽 대비 | 4시간~8시간 | 1~5명 | 신입 및 경력 구직 전직자용 |